中国古代战场

王 烨　编著

 中国商业出版社

图书在版编目（CIP）数据

中国古代战场 / 王烨编著. -- 北京：中国商业出版社，2015.6（2024.3 重印）

ISBN 978-7-5044-8580-9

Ⅰ. ①中… Ⅱ. ①王… Ⅲ. ①古战场-介绍-中国 Ⅳ. ①K868

中国版本图书馆 CIP 数据核字（2015）第 117672 号

责任编辑：刘洪涛

中国商业出版社出版发行

010-63180647 www.c-cbook.com

（100053 北京广安门内报国寺 1 号）

新华书店经销

三河市吉祥印务有限公司印刷

*

710 毫米×1000 毫米 16 开 12.5 印张 200 千字

2015 年 6 月第 1 版 2024 年 3 月第 3 次印刷

定价：25.00 元

* * * *

（如有印装质量问题可更换）

《中国传统民俗文化》编委会

序　言

中国是举世闻名的文明古国，在漫长的历史发展过程中，勤劳智慧的中国人创造了丰富多彩、绚丽多姿的文化。这些经过锤炼和沉淀的古代传统文化，凝聚着华夏各族人民的性格、精神和智慧，是中华民族相互认同的标志和纽带，在人类文化的百花园中摇曳生姿，展现着自己独特的风采，对人类文化的多样性发展做出了巨大贡献。中国传统民俗文化内容广博，风格独特，深深地吸引着世界人民的眼光。

正因如此，我们必须按照中央的要求，加强文化建设。2006 年 5 月，时任浙江省委书记的习近平同志就已提出："文化通过传承为社会进步发挥基础作用，文化会促进或制约经济乃至整个社会的发展。"又说，"文化的力量最终可以转化为物质的力量，文化的软实力最终可以转化为经济的硬实力。"(《浙江文化研究工程成果文库总序》)2013 年他去山东考察时，再次强调：中华民族伟大复兴，需要以中华文化发展繁荣为条件。

正因如此，我们应该对中华民族文化进行广阔、全面的检视。我们应该唤醒我们民族的集体记忆，复兴我们民族的伟大精神，发展和繁荣中华民族的优秀文化，为我们民族在强国之路上阔步前行创设先决条件。实现民族文化的复兴，必须传承中华文化的优秀传统。现代的中国人，特别是年轻人，对传统文化十分感兴趣，蕴含感情。但当下也有人对具体典籍、历史事实不甚了解。比如，中国是书法大国，谈起书法，有些人或许只知道些书法大家如王羲之、柳公权等的名字，知道《兰亭集序》

是千古书法珍品,仅此而已。

再如,我们都知道中国是闻名于世的瓷器大国,中国的瓷器令西方人叹为观止,中国也因此获得了"瓷器之国"(英语 china 的另一义即为瓷器)的美誉。然而关于瓷器的由来、形制的演变、纹饰的演化、烧制等瓷器文化的内涵,就知之甚少了。中国还是武术大国,然而国人的武术知识,或许更多来源于一部部精彩的武侠影视作品,对于真正的武术文化,我们也难以窥其堂奥。我国还是崇尚玉文化的国度,我们的祖先发现了这种"温润而有光泽的美石",并赋予了这种冰冷的自然物鲜活的生命力和文化性格,如"君子当温润如玉",女子应"冰清玉洁""守身如玉";"玉有五德",即"仁""义""智""勇""洁";等等。今天,熟悉这些玉文化内涵的国人也为数不多了。

也许正有鉴于此,有忧于此,近年来,已有不少有志之士开始了复兴中国传统文化的努力之路,读经热开始风靡海峡两岸,不少孩童以至成人开始重拾经典,在故纸旧书中品味古人的智慧,发现古文化历久弥新的魅力。电视讲坛里一拨又一拨对古文化的讲述,也吸引着数以万计的人,重新审视古文化的价值。现在放在读者面前的这套"中国传统民俗文化"丛书,也是这一努力的又一体现。我们现在确实应注重研究成果的学术价值和应用价值,充分发挥其认识世界、传承文化、创新理论、资政育人的重要作用。

中国的传统文化内容博大,体系庞杂,该如何下手,如何呈现?这套丛书处理得可谓系统性强,别具匠心。编者分别按物质文化、制度文化、精神文化等方面来分门别类地进行组织编写,例如,在物质文化的层面,就有纺织与印染、中国古代酒具、中国古代农具、中国古代青铜器、中国古代钱币、中国古代木雕、中国古代建筑、中国古代砖瓦、中国古代玉器、中国古代陶器、中国古代漆器、中国古代桥梁等;在精神文化的层面,就有中国古代书法、中国古代绘画、中国古代音乐、中国古代艺术、中国古代篆刻、中国古代家训、中国古代戏曲、中国古代版画等;在制度文化的层面，就有中国古代科举、中国古代官制、中国古代教育、中国古代军队、中国古代法律等。

此外，在历史的发展长河中，中国各行各业还涌现出一大批杰出人物，至今闪耀着夺目的光辉，以启迪后人，示范来者。对此，这套丛书也给予了应有的重视，中国古代名将、中国古代名相、中国古代名帝、中国古代文人、中国古代高僧等，就是这方面的体现。

生活在21世纪的我们，或许对古人的生活颇感兴趣，他们的吃穿住用如何，如何过节，如何安排婚丧嫁娶，如何交通出行，孩子如何玩耍等，这些饶有兴趣的内容，这套"中国传统民俗文化"丛书都有所涉猎。如中国古代婚姻、中国古代丧葬、中国古代节日、中国古代民俗、中国古代礼仪、中国古代饮食、中国古代交通、中国古代家具、中国古代玩具等，这些书籍介绍的都是人们颇感兴趣、平时却无从知晓的内容。

在经济生活的层面，这套丛书安排了中国古代农业、中国古代经济、中国古代贸易、中国古代水利、中国古代赋税等内容，足以勾勒出古代人经济生活的主要内容，让今人得以窥见自己祖先的经济生活情状。

在物质遗存方面，这套丛书则选择了中国古镇、中国古代楼阁、中国古代寺庙、中国古代陵墓、中国古塔、中国古代战场、中国古村落、中国古代宫殿、中国古代城墙等内容。相信读罢这些书，喜欢中国古代物质遗存的读者，已经能掌握这一领域的大多数知识了。

除了上述内容外，其实还有很多难以归类却饶有兴趣的内容，如中国古代乞丐这样的社会史内容，也许有助于我们深入了解这些古代社会底层民众的真实生活情状，走出武侠小说家加诸他们身上的虚幻的丐帮色彩，还原他们的本来面目，加深我们对历史真实性的了解。继承和发扬中华民族几千年创造的优秀文化和民族精神是我们责无旁贷的历史责任。

不难看出，单就内容所涵盖的范围广度来说，有物质遗产，有非物质遗产，还有国粹。这套丛书无疑当得起"中国传统文化的百科全书"的美誉。这套丛书还邀约大批相关的专家、教授参与并指导了稿件的编写工作。应当指出的是，这套丛书在写作过程中，既钩稽、爬梳大量古代文化文献典籍，又参照近人与今人的研究成果，将宏观把握与微观考察相结合。在论述、阐释中，既注意重点突出，又着重于论证层次清晰，从多角度、多层面对文化现象与发展加以考察。这套丛书的出版，有助于我们走进古人的世界，了解他们的生活，去回望我们来时的路。学史使人明智，历史的回眸，有助于我们汲取古人的智慧，借历史的明灯，照亮未来的路，为我们中华民族的伟大崛起添砖加瓦。

是为序。

傅璇琮

2014 年 2 月 8 日

前　言

古战场，即古代战役（战斗）发生的地域、地点。一般意义上所指的古战场是那些进行过著名战争战役并保有遗迹至今的地方。某些时候连近代甚至近现代战争的战场都可称为古战场，如滑铁卢古战场、诺曼底古战场等。与战场相对，古战场泛指过去的战争所进行过的战场，战场适用于正在进行的战争或尚未发生的战争。

战争是政治的延续，是流血的政治。战场，作为战争发生的地点，交战双方的舞台，对战争的结局有着重要的、甚至是决定性的影响。人类历史也是一部战争的历史，大小战争战役不断，战场无数。历史上发生过著名战争战役并至今仍保有遗迹的地方通常也是宝贵的人文景观，是重要的文化遗产，可以从中分析历史人物的性格特征，也可以通过分析战况来探究当时环境下的科学、经济、生活等等。

在今天，古战场也有着很大的旅游开发价值。它们是后人与前人对话的重要载体。身临其境，我们可以纪念历史，或凭吊先人，也可托古说今。

作为一个幅员辽阔、历史悠久的文明古国，中国历史上发生过许多规模不同、性质各异的战争，也因此造就了为数众多知名的古战场。在这些地方发生的战争，尤其是那些著名战争，往往对所处时代、所在区域的形势与战时及战后格局产生过重要影响。

我们这本小书，就是按照现代中国的地理分区，逐次介绍不同地区重要的古战场遗址，并通过详细介绍在这些古战场上发生过的著名战役或战斗，来揭示这些古战场在中国历史上曾经发生过的重要影响。

目录

第一章　古代战场扫描

第二章　东北与华北古战场

第三章　中原与华东古战场

第一章

古代战场扫描

古战场，即古代战役（战斗）发生的地域、地点。一般意义上所指的古战场是那些进行过历史上著名战争战役并保有遗迹至今的地方，或指时代久远的战场。某些时候连近代甚至现代战争的战场都可称为古战场，如滑铁卢古战场，诺曼底古战场等。与战场相对，古战场泛指过去的战争所进行过的战场，战场适用于正在进行的战争或尚未发生的战争。

第一节
中国古代军事地理格局综述

中国古代九大战略要地

中国古代军事地理格局是一种棋盘型格局。从军事地理的角度看，中国的地理格局就像一个不规范的围棋盘。在这个不规范的围棋盘上，关中、河北、东南和四川是其四角，山西、山东、湖北和汉中是其四边，中原为其中央腹地。

中国的地域虽然辽阔，但在历代战争中的主战场却主要是在这九大地域。在历代战争中，上述九大地域的重要性往往关系到天下的统一与分裂，关系

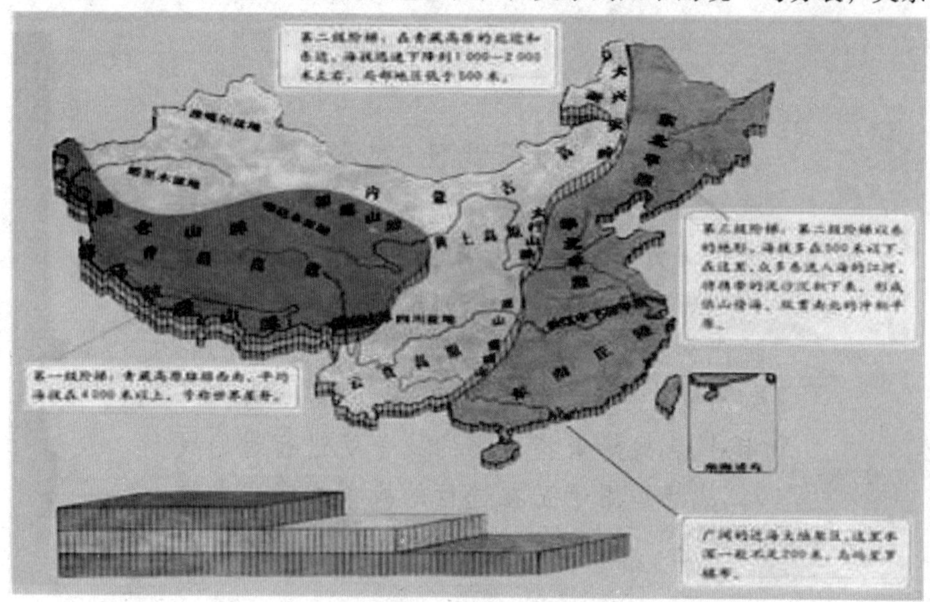

中国地势阶梯分布图

到一朝一代的兴与衰；在中原政权与塞外游牧民族之间的战争中关系到中原政权的存与亡。

一般来说，在那些既有山地险要可以凭恃，又有江河水道可以流通的地方容易形成战略要地。

列东西向的山河与几列南北向的山河纵横交错，将中国腹地分成几个相对独立的区域。中国地势阶梯大体上呈东北—西南向分布。其中，第二级阶梯东部边缘地带的一系列山脉——北起燕山，循太行山南下，经嵩山山脉，接桐柏山、大洪山，再转向鄂西、湘西山脉而接云贵高原——为中国的东、西部之间的一个重要分界线。南北之间也分出几个层次，其主要的分界线则为长江、黄河、淮河及秦巴山地，此外，中条山、大别山也起到了补充作用。

知识链接

我国的地势阶梯分布

我国地势西高东低，大致呈三级阶梯：

第一级阶梯：我国西南部的青藏高原，平均海拔在4000米以上，号称“世界屋脊”。

第二级阶梯：在青藏高原边缘以东和以北，是一系列宽广的高原和巨大的盆地，海拔下降到1000～2000米。

第三级阶梯：在我国东部，主要是丘陵和平原分布区，大部分地区海拔在500米以下。

分界线是：

第一、二级阶梯的分界：西起昆仑山山脉，经祁连山山脉向东南到横断山脉东缘。

第二、三级阶梯的分界：由东北向西南依次是大兴安岭、太行山、巫山、雪峰山。

上述几列纵横交错的山河将中国腹地分成几个相对独立的地理单元。这些地理单元的腹地一般都有一定的空间容量，外围有险要的山脉或者江河为之险阻；有大大小小的江河周流内外，其既是这些地域内部流通的运输线，又将不同的区域联系起来，这种联系乃是区域之间战略关系得以形成的重要基础。

山脉和江河的战略意义各不相同。山脉的意义重在阻隔，而贵在有通道可以通行；河流的意义重在流通，而贵在有据点可以扼守。

一般来说，山地的断层地带或者江河源流穿切山岭所形成的河谷低地便于作为穿越山地的交通通道，如关中四塞、太行八陉所扼通道及穿越秦巴山地的几条栈道便是如此。江河主要是作为人力、物力运输的交通线。以江河

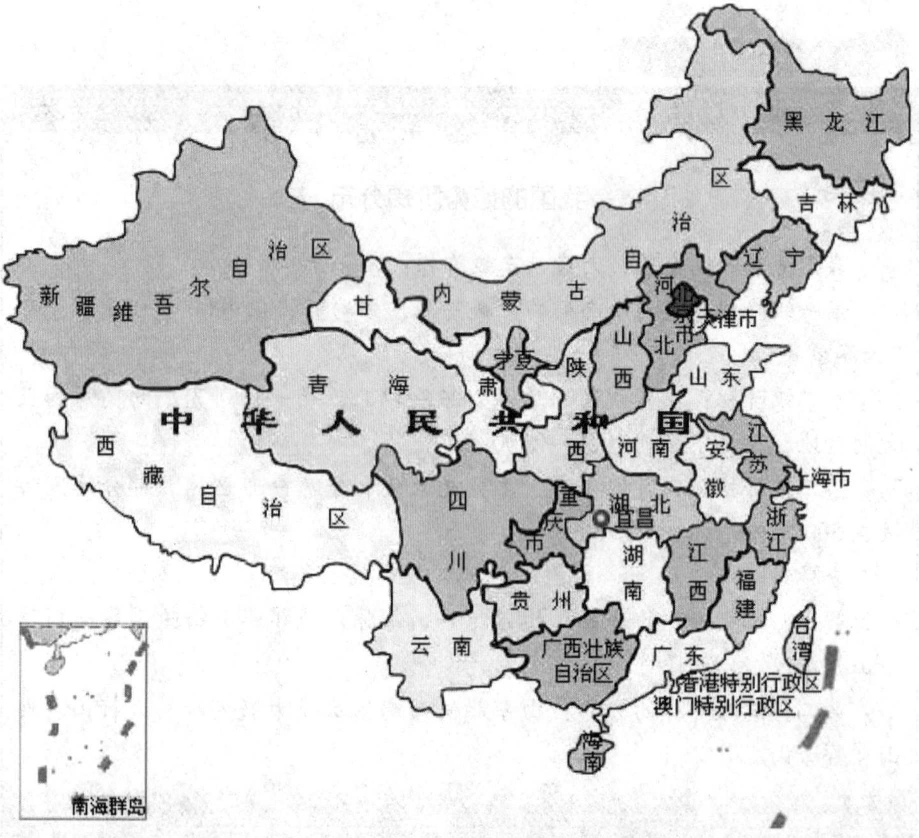

中国行政区划图

作为险阻，还必须在那些重要渡口或支流与干流的交汇处建立据点，以确保对这些江河的控制。如黄河的孟津和蒲津，长江的瓜洲渡和采石渡，淮河的颍口、涡口、泗口等处，都是重要的军事据点。

有山地险要可以凭恃，则易于在纷乱的局面中建立根据地，形成局部的秩序，积蓄力量；有江河水道可以流通，则便于向外部投递力量，便于向外扩展，也便于介入全局。上述九大战略要地大都拥有这些条件。

当然，上述九大战略要地之所以形成，主要是它们在军事地理的格局中因其地形、地势的原因。它们在历代战争中显示出了作为一个个独立单元的地位。其中，关中主要是指陕西省的秦岭以北部分；汉中地区则因其相对独立，单独作为一个战略要地；东南主要是指江苏、安徽两省的中南部；中原则主要指河南；其他几地则基本上同于现在的省级行政区划。在称呼上，关中和中原都沿用了古代的称法，因为这种称法本身就极富战略色彩。

在上述几大战略要地的外围，有一些地域在某些特殊情况下，地位也很重要；但由于位置的关系，这些地域险要的山川固然保护了自己，同时也在一定程度上妨碍了它与外部的联系，妨碍了它对于全局的全面介入，因此在历代战争中，对于全局未能显示出决定性的意义。

四角之地——关中、河北、东南和四川

关中、河北、东南和四川处于中国地理的四角之地，一般都有比较优越的山河形势：有相对稳固的后方和可以凭恃的山川险阻，拥有一种进可以攻、退可以守的态势；有较好的经济条件，足以供养、支撑起一个庞大的政治、军事集团；有一定的社会基础，易于形成一定的社会政治力量。一种势力兴起之初，占据四角之地之一，可以建立起根据地，从容经营，积累力量，为日后夺取天下打下基础。

1. 山河四塞的关中地区

关中山河四塞，南有秦岭横亘，西有陇山延绵，北有黄土高原铺陈，东有华山、崤山及晋西南山地护卫，更兼有黄河环绕，可谓山川环抱，气势团聚。在地势上，关中对东部平原地带呈高屋建瓴之势。关中四面有山河为之

险阻，几处重要的交通孔道，又立关以守。其中，函谷关扼崤函之险，控制着关中与中原之间的往来通道；武关控秦岭东段之险，扼守着关中东南方向的进入通道；散关扼秦岭西端之险，控制着关中与汉中、巴蜀之间的交通咽喉；萧关扼陇山之险，守卫着关中西北通道。四塞险固，闭关可以自守，出关可以进取：形势有利就出关进取，形势不利则闭关自守，从而使关中具备一种能进能退、可攻可守的态势。

2. 依山傍海的河北地区

河北依山傍海，三面山海环抱，南面中原。燕山山脉起着抗击塞北游牧民族南下的屏障作用，翼蔽河北乃至整个中原的安全。居庸关、山海关、松亭关、古北口、冷口、喜峰口等关隘，扼守穿越燕山山脉的几条交通要道。太行山脉为河北的右侧翼的重要屏障。紫荆关、倒马关、井陉关、滏口等关隘扼守穿越太行山脉的往来通道。在河北平原腹地上有一些东西向的河流，如拒马河、滹沱河、漳河等，在中原政权抗击北方游牧民族的战争中，也能够加以利用，建立河防体系。对于由塞北入主中原的少数民族政权而言，河北尤其是北部地区的意义就在于它将农耕经济的中原地区与游牧经济的塞北联系起来。

3. 多层防御的东南地区

东南的防御格局是一个以长江和淮河为依托的多层次的防御体系。南北对抗，南方政权主要是依托长江和淮河流域。南方一些军事重镇的形成，都是以此为基础的。长江上通巴蜀，中经荆襄，下连吴越，纵贯东西，延绵数千里，上下游之间相互呼应；另外，长江本身也发挥着对抗北方铁骑冲击的天堑作用。古代长江下游易渡之处有两个：一是采石渡，二是瓜洲渡，分处建康（今南京）的上下游。建康方面对两处渡口的防守也很严密。在这两处渡口的南岸，分别有京口（今江苏镇江）和采石，北岸分别有广陵（今江苏扬州）和历阳（今安徽和县），都置兵把守，立为重镇。淮河兼有防守和主动进攻两层战略意义，与长江互为表里，发挥着双重的屏障作用。历代占据江南者，对于淮河与长江的这种唇齿关系都有比较深入的认识，“守江必先守

淮”已成常识。南方政权在淮河一线也有一系列重镇，主要是扼守淮河支流与淮河的交汇口。在淮西，主要是钟离（今安徽凤阳）和寿春（今安徽寿县），在淮东，主要是山阳（今江苏淮安）和盱眙。寿春正对颍口（颍河与淮河的交汇口），挡住颍河或淮河上游方向的来敌；钟离正对涡口（涡河与淮河的交汇口），挡涡河之冲。淮河下游主要支流是泗水，古代泗水自山东南流，在淮安附近汇入淮河。淮泗水路自古为南北水运交通要道，山阳和盱眙即控制着泗水方向的来路。在泗水方向，若取更积极的态势，还可以经营彭城（今徐州），以图北方。随着南北力量的消长变化，其攻守之势也随之而变化，南方强盛时，可以前出淮北进取中原；南方衰弱时，则往往退守长江；南北势均力敌时，则往往以淮河一线为对抗前沿。

4. 四面环山的四川地区

四川位于长江流域的上游，是典型的盆地地形。在盆地外围的每个方向，都是崇山峻岭，其防护之利得天独厚。长江三峡是其与东方之间的往来通道，嘉陵江及其支流河谷低地是其与北方之间的往来孔道。两个方向的往来通道俱极为险要。东面多为水路，行江道；北面多为陆路，行栈道。这两个方向又分别归属于两大重心：重庆和成都。由重庆东出，经三峡穿越巫山，可入湖北，以奉节（古夔州）为其门户，瞿塘关（亦称江关、捍关）即在此处；从成都北出，由金牛道、米仓道可入汉中，另由阴平道可通陇上，以剑阁为其门户，剑门关即在此处。在重庆与成都之间，又有几条江河水路相连通。

关中、河北、东南和四川四角地位的形成，还有一个不可忽略的条件，即有利于经济发展的优越的自然条件。自然条件优越，宜于农业生产的发展，才能够储粮养兵，供养、支撑一个庞大的政治军事集团。

关中腹地为渭河、泾河、洛河及其支流形成的冲积平原，号称“八百里秦川”，土地肥沃，灌溉便利，宜于农业生产的发展。

古代河北的农业生产条件虽不如现在，但河北北部拥有一种比较好的在内地与塞外之间、在农耕经济与游牧经济之间进行贸易的条件。这种经济特色跟河北作为中原与塞外之间的一个重要衔接地带的地位是相适应的。

东南地区农业生产的自然条件比较优越，随着江南的开发和发展，到南朝时，扬州地区已呈现出相当繁华富裕的景象。自隋唐时起，东南财赋便为

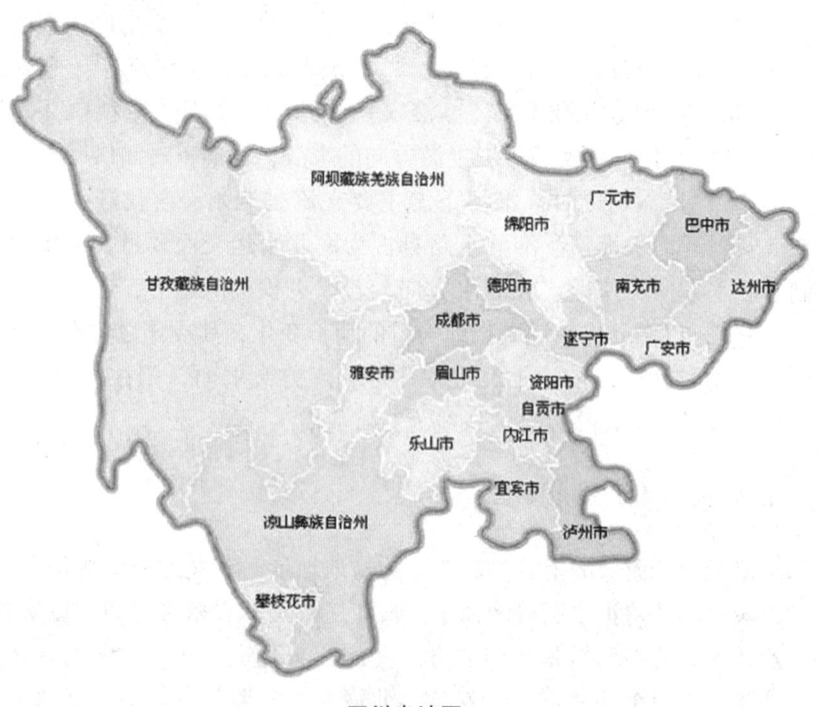

四川省地图

关中所倚重。隋代开凿大运河、唐代大力整治漕运，都有转输东南财赋以供给关中的意图。元、明、清三代建都北京，经济上亦必仰仗东南，必须保障运河畅通，输送东南粮财以供京师畿。

四川盆地在历史上被称为“天府之国”。四川腹地是长江及其众多支流冲积而形成的平原，沃野千里，宜于农业生产；加上四川及其周围地区物产丰富，因此，四川地区一直是“民殷国富”。

据四角山川险固之地，大多能成就一方霸业。但要统一天下，仅有地理条件还是不够的，还必须有一定的社会基础。有一定的社会基础，才能整合出一种强大的社会政治力量。强大的社会政治力量是夺取天下的社会基础。在分处四解的几大战略要地中，建立于关中和河北的政权都曾经完成过统一天下的大业，历史上的全国性政权也大多定都于此；建立于东南的政权，大多能统一江南半壁江山，与北方形成对峙之局，而少有统一天下的（除明朝朱元璋外）；建立于四川的政权多为割据政权，而没有一个政权曾统一过天

下。究其根源，都可从这些政权所赖以建立的社会基础中寻找原因。

另外，一个地域能否兴起强大的社会政治力量与这个地域的民风、社会文化特色及其发展水平有很大的关系。

古代军士铠甲

关中地近西戎，风俗劲勇，民皆习战。自商鞅变法，秦人以耕战为本，遗风流披，影响深远，形成了与东部地区迥然相异的社会风尚。秦汉时期即有“关东出相，关西出将”的说法。北朝后期，鲜卑军事贵族与北方汉姓士族结合，形成集团势力——关陇集团，成为西魏、北周、隋和初唐统治的基础。

河北自战国时起便一直是抗击北方游牧民族的前沿重地。河北剽悍习战民风的形成与这一点有很大关系。自赵武灵王改制，胡服骑射，河北精兵，雄冠天下。另外，河北的政权相当大一部分是由起自塞外的游牧民族所建，这些生活于马背上的民族，男子皆精于骑射，平时游牧驰猎，战时出征打仗；而且，那些入据塞内的游牧民族大都能够接受汉族先进的文化。这样，新兴民族初起的锐气、游牧民族宜于征战的天性和对于汉族先进文化的接受，几个方面相结合所形成的力量至少在军事上令汉族难与争锋。

东南政权多为自北方南下迁徙政权，是中国传统政治中的正朔所在和中原先进文化的保全者，这样，在东南地区与中原之间没有那种地方文化与中心文化区之间的差距。中原先进的社会文化遂构成东南政权的重要基础。在北方沦亡之后，乔迁到东南的政权大多能凭借这一点整合南方社会，保有江南半壁江山，与北方少数民族政权之间形成南北对峙的局面。此外，古代东南地区民风劲勇好武，特别是淮南一带，为历代流民迁徙往来之地，流民多结族而行，频经战乱，颠沛流离中，不得已组成武装以自保。乔迁政权本身是为强敌所逼、被迫迁徙的产物，故不免有偏安和不思进取的特性。所以，立足东南的政权虽多以北伐中原为口号，但真正北伐成功的却极少。

四川的政权大多为客籍集团所建。但客籍集团与四川本地人之间不可避免的矛盾也成为历代据蜀者一直面临的一个突出问题。这种矛盾在很大程度上消耗掉了川中政权的内部力量。此外，四川优越的地理条件使历代据蜀者易于养成一种政治上的不思进取的心态，偏安一隅割据。

知识链接

杜牧《赤壁》

折戟沉沙铁未销，
自将磨洗认前朝。
东风不与周郎便，
铜雀春深锁二乔。

这首诗是诗人路过赤壁（今湖北省武昌西南赤矶山）这个著名的古战场时写下的。发生于汉献帝建安十三年（208 年）十月的赤壁之战，是对三国鼎立的历史形势起着决定性作用的一次重大战役。其结果是孙、刘联军击败了曹军，而年轻的孙吴军统帅周瑜，是这次战役中的头号风云人物。诗人凭吊了古战场，对赤壁之战发表了独特的看法，认为周瑜胜利于侥幸，同时也抒发了诗人对国家兴亡的慨叹。

四边之地——山西、山东、湖北和汉中

山西、山东、湖北和汉中分处四边之地，也有比较险要的山河形势，但这些地域综合条件不如四角。它们都夹在两角之间，来往方便，既是双方联系的纽带，又是双方对抗时争夺的焦点。其地形特点也与它们的地位相符，既有供双方出入的交通通道，又有可以扼守的险要；而且，它们与中原之间

有比较便捷的通道。兴起于四角的政治势力，要想摆脱割据一隅的偏安局面，向外扩展，必先争两翼，控制该夹角的两边。

 1. 北方枢纽的山西地区

山西在整个北方地区具有枢纽性的地位。山西地形的主体是由东西两侧的山脉夹中间一系列珠状盆地构成的。东面太行山脉构成河北的西部屏障，西部吕梁山、中条山与黄河一起构成关中的东部屏障。山西境内山河分布错综复杂，形成了一系列小型珠状盆地。这些盆地地形都相对封闭，成为一个个相对独立的小区域。在这些小区域内，又分别形成了一些军事重镇和重要关隘。它们分别面向不同的方向，显示出不同的战略意义。山西的山河形势使山西具有一种极为有利的内线作战的地位。山西地势高峻，足以俯瞰三面；通向外部的几个交通通道，多是利于外出而不利于攻入。这是山西内线作战的有利条件，也是山西在北方枢纽地位得以形成的地理基础。

 2. 依山临河的山东地区

山东地形的意义在中国东部的大平原上显得尤其突出。山东地形的主体是鲁中南低山丘陵，三面都是平原，东面为渤海和黄海所环抱。山东的一些重要军事据点基本上分布在鲁中南低山丘陵一带，大都依山临河，扼控一方。黄河在北方地区东西纵贯，是东西部之间的一条交通大动脉。大运河在中国东部的大平原上南北纵贯，是南北之间的交通大动脉。大运河开凿以前，淮河支流泗水如若开凿，便能连接长江和黄河，从而起到沟通南北的作用。山东便处在这两条大动脉交汇的位置上。另外，胶东半岛为古代海上运输的一大中转地。山东在南北之间尤居枢纽性地位，南北对峙之际，山东常是争夺的焦点。中国政治重心东移后，连接政治重心与经济重心的南北交通动脉大运河，正处在山东的监控之下，所以山东地位举足轻重。明初朱元璋北伐攻占山东从而打开大都门户，“靖难之役”中朱棣则跃过山东直捣金陵，尤能显现中国政治重心东移之后山东从在南北争衡中的地位。

3. 用武之国的湖北地区

湖北居长江中游，在上、下游之间居枢纽性地位。湖北外围有绵延的山脉为之险阻，又有大江大河通往境外，从而形成它“用武之国”的战略地位。从湖北沿长江上溯，穿越三峡，为古代人入川的主要通道之一。若上下游之间对抗，则湖北可阻遏川中势力东出。湖北居东南的上游，立足东南的政权，无不恃荆襄为上游屏障。但在江南政权内部，荆襄地区却每每成为一个隐患。据上游之势的荆襄地区常给东南构成很大的压力。东晋南朝时期，荆襄游兵反建康方面者比比皆是。另外，从湖北沿汉水北上，还可经略中原，进图北方。襄阳、武昌、江陵是湖北境内的三大重镇，犹如鼎之三足，撑开湖北形势，使湖北在面向不同的方向时显示出不同的战略意义。对此，清初地理学家和学者顾祖禹总结说：“以天下言之，则重在襄阳；以东南言之，则重在武昌；以湖广言之，则重在荆州。”南北对峙之际，荆襄每为强藩巨镇，以屏护

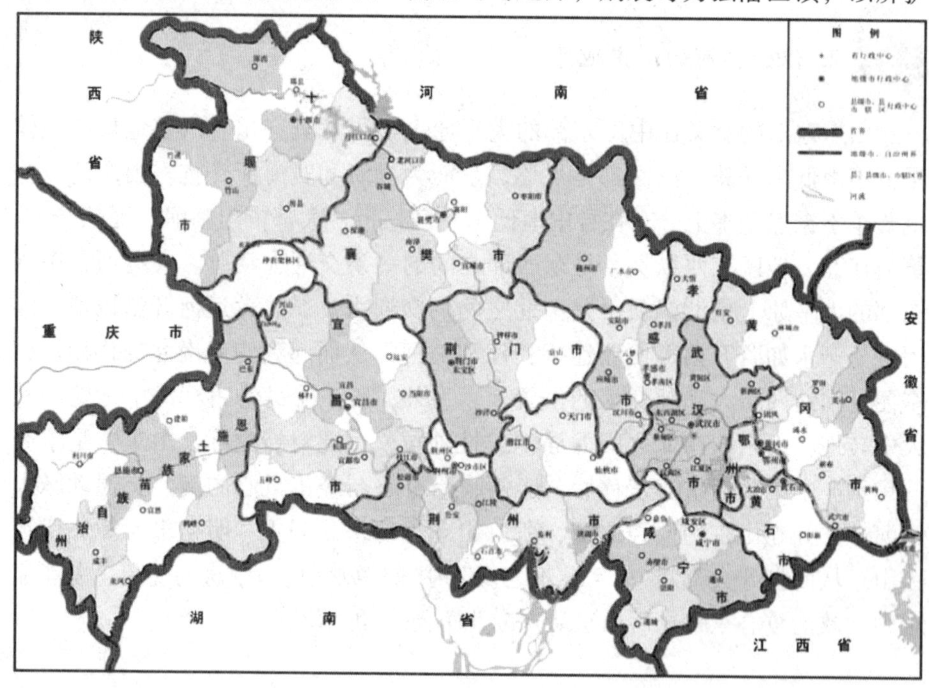

湖北省地图

上游，自古未有失荆襄而能保有东南者。西晋灭陈、北宋灭南唐，局面均自荆襄上游打开。

4. 控南扼北的汉中地区

秦岭和大巴山脉夹汉水河谷构成汉中地形的主体，两列山脉平行耸立，东西延绵，汉中便夹在它们之间。秦岭东端有武关，西端有散关，另有三条谷道——褒斜道、傥骆道、子午道，可为汉中与四川之间的通道。在汉中与四川之间，也有两条谷道穿越大巴山脉——金牛道和米仓道。汉中夹在关中和四川这两个上游地区之间，利害关系的胶着程度远非东部的淮河所能比拟。淮河南北尚有广阔的地域可作回旋，在汉中地区则没有什么回旋余地，南北双方在汉中地区一时的得失往往足以产生决定性的影响。从蜀汉开国到灭亡一前一后在汉中地区经营的得失，比较典型地反映出汉中在南北之间地位的轻重。

汉中地区南北利害关系如此胶着，东西伸展的天地却非常广阔。西汉水河谷低地提供了一条由汉中通往陇西的比较平坦的通道。陇西地势明显高于关中、四川，自关中、四川仰攻陇西较难，而自陇西下攻关中和四川却较易。这就给在汉中、关陇一带的角逐者们提供了一个思路：与其在秦岭南北争一日之短长，不如取远势争陇西，取得一种地理上的有利态势。蜀汉北伐多出祁山即是出于这种思路。若由汉中地区向东南伸展，两侧地形呈现一种惊人的对称。秦岭向东延伸然后向北包转，与熊耳山、崤山、华山等山相连，形成潼关险要；大巴山向东延伸然后向南包转，与武当山、荆山、巫山等山相连，形成三峡险要。这些险要是川、陕两地形成“天府之国”的地理基础，却也在一定程度上给川、陕势力的东出造成了困难。

这样，当东、西方之间在三峡或潼关正面陷入僵持局面时，西部势力可以出汉中从侧翼打开僵局。出汉中从侧翼撕开潼关正面僵局最典型的战例是蒙古攻金之战；出长江与出汉水相配合以打开三峡正面僵局的典型史例是战国时秦攻楚之战。

四角之地的政治势力，在两翼经营的任何得失，都足以决定其兴衰，足以决定其能否摆脱偏霸格局，向外扩展。经营好两翼，以守而言，可以巩固其防守态势；以攻而言，可以包围中原，进取天下。

对于关中来说，汉中和山西为其两翼，尤以山西的经营为关键。对于河北来说，山西和山东为其两翼，亦以山西的经营为关键。因为北方的争雄常表现为关中与河北之间的争雄，山西像一个楔子楔入关中与河北之间，双方在山西的角逐往往具有决定性意义。

对于东南来说，山东和湖北为其两翼。北据山东以固淮泗上游，西保荆襄以固长江上游，是为保据东南者的最好态势，其中湖北以其据长江上游之势而尤为关键。对于四川来说，汉中和湖北为其两翼；必东据江陵，北守汉中，四川之险才能稳固。据江陵可全据巫山之险，守汉中可占据大巴山之险。其中，汉中以其据地势之上游而尤为关键。

知识链接

苏轼《念奴娇·赤壁怀古》

大江东去，浪淘尽，千古风流人物。故垒西边，人道是：三国周郎赤壁。乱石穿空，惊涛拍岸，卷起千堆雪。

江山如画，一时多少豪杰。遥想公瑾当年，小乔初嫁了，雄姿英发。羽扇纶巾，谈笑间，樯橹灰飞烟灭。故国神游，多情应笑我，早生华发。人生如梦，一尊还酹江月。

《念奴娇·赤壁怀古》是宋代苏轼所作，是豪放派宋词的代表作，词的主旋律感情激荡，气势雄壮。全词借古抒怀，将写景、咏史、抒情融为一体，借咏史抒发作者积极入世但年已半百仍功业无成的感慨。

四战之地——中原逐鹿中的四大战区

中原处四方之中，可以合天下之全势。中原四通八达之地，为四方联系

的枢纽。无论由中原趋周围地域，还是由周围地域趋中原，都很便捷，其形势与周围地域息息相关。中原有事，必涉及四方；四方有事，必影响中原。中原安定，四方才可安定；中原纷乱，则四方形势必致散裂。

天下纷乱之初，因为中原四面皆可受敌，四方分崩的离心力足以撕裂中原形势，而使中原成为一个动荡的交汇之地。动荡的洪流足以冲毁任何据守中原的努力，因而，据四角山川险固之地者易，而据中原四战之者难。

在任何全局性的角逐中，中原都是必争之地。进取天下，中原为必取之地；安定天下，中原为控御中枢。只有中原才是真正逐鹿问鼎的竞技场，只有中原四通八达的地理条件，才能获得控御八方的形势。

就本身的地理形势而言，中原地区大体上又可以分为四个区域，分别凭借不同的地理条件，显示不同的战略意义。这四个区域是：西北三川河谷、西南南阳盆地、东南淮河上游、东北河内地区。

1. 西北三川河谷地区

三川河谷三面阻山，北面黄河横亘，差不多算是山河四塞。洛阳城即位于其中。四周山脉环绕，形成险阻；河流上下周流，可与外部联系。洛阳周围的关隘大都是依三川河谷的山川险阻而立：潼关拒其西，扼崤函之险；虎牢阻其东，扼嵩山北麓与黄河之间的通道；伊阙（今洛阳龙门）阻其南，扼嵩山与熊耳山之间伊河河谷通道；孟津阻其北，扼黄河渡口；另有广成关（今临汝西）控制经由汝河河谷的往来通道，轘辕关（今巩义西南）控制由颍河方向来的通道。三川河谷为东西之间往来的重要通道，在东西关系中地位极为重要。如果立都关中，往往要借助三川河谷以衔接东西。

2. 西南南阳盆地地区

南阳盆地像是关中、汉中、湖北与中原四者之间的一个旋转门，四面都可进入，四面都可出击。从全局的角度看，南阳盆地具有东西伸展、南北交汇的特点。襄阳和南阳分处于盆地的南北两端，这两座重镇的形成代表了南北双方在这片地域内利害关系的对峙和胶着。南北对峙时，南北双方往往各据襄阳和南阳而分享南阳盆地。在东西之争中，无论是进攻关中，还是自关

中东出，南阳盆地都是一片富有吸引力的地域。

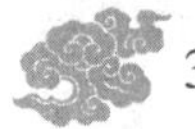

3. 东南淮河上游地区

河南东南可以凭恃的地理条件主要是淮河及其支流。在黄河与大别山之间，自北向南依次有汴河、涡河、颍河、汝河及淮河上游主干等河流，它们呈扇形展开。这些河流的源头都深达中原腹地，下流汇入淮河，因而成为中原与东南之间的主要交通线路。南北相争，这些河流每为双方战守之资，由中原趋江淮而临东南，由东南出江淮而图中原，都可倚仗这些河流为运输线。自中原南逼江淮，由汴、泗二水南下，可趋泗口，略淮东方向；由涡、颍二水南下，可趋涡口、颍口，略淮南方向。此外，这片地域南依大别山，扼武胜、平靖、黄岘三关，屏护着中原的南侧翼。

4. 东北河内地区

河内地区处太行山与黄河之间，北依山，南阻河。山地关隘为往来通道，黄河渡口为南北津要。太行八陉中第一陉轵关（在今济源市西北），为山西西南部与河内之间往来必经之路；太行第二陉即秦汉时的太行道，上有天井关，关南即太行山之羊肠坂道，为山西上党与河内之间的咽喉。河内与洛阳之间的主要通道则为黄河孟津渡口。河内地区在山西与河南之间、在关中与河北之间都是往来的要冲：在河内与山西之间，太行关隘是攻守的要点；在河内与河南之间，河阳孟津是攻守的要点。河内地区在东、西部之间俱是往来要冲：从河内入轵关、经蒲津可趋关中；从河内循太行山东进，可趋河北。

在整个棋盘型的地理格局中，如果说中原是其中央腹地的话，那么，洛阳则是这个围棋盘上的天元。历史上，许多政权曾经以洛阳为都城。洛阳虽号为四方之中，其形势之间却在外围。所谓洛阳的外围，可从几个层次去说：第一个层次是三川河谷的外围诸险要，如成皋、崤函、孟津、龙门等；第二个层次即为河南的四境，即西南南阳盆地、东南淮河上游、东北河内地区再加上三川河谷西北崤函之险，这些地域是中原与其外围四方的联系通道；第三个层次即其外围可延及关中、河北、东南及荆襄等大的战略要地。洛阳便处在这几层外围的包围之中。中原的位置和地理形势在很大程度上决定了中

秦始皇兵马俑

原攻守形势的特点。攻取洛阳、进取中原是一种由外向内的层层递进；中原防守的经营则是一种以洛阳为中心、由内向外的层层辐射。

至于在大型对抗，如东西之争和南北对峙中，中原必定是双方争夺的一个交汇之处。东西相争必有一条纵贯南北的轴线作为双方争夺的前沿地带；南北对峙则必有一条横贯东西的轴线作为双方对抗的前沿地带；东西之争的中轴线大致是中国地势的第二级阶梯东部边缘地带；南北对峙的中间轴线是淮河至汉水上游一线。以洛阳为中心的中原腹地是东西之争的中间轴线与南北之争的中间轴线的交汇地带。因此，无论是东西之争还是南北对峙，中原都必定是双方争夺的一个交汇之处。

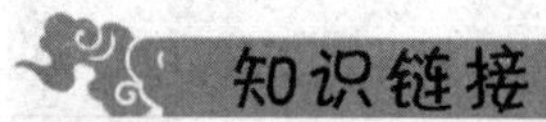

知识链接

古代战场为何叫沙场

应璩在《与满炳书》中写道："沙场夷敞，清风肃穆。"祖咏有《望蓟门》诗曰："沙场烽燧三月，海畔云山拥蓟城。"

中国古代的战争大多集中在北部和西部，那里多戈壁、沙漠、草原，说战场为沙场也就不难理解了。

第二节 古代政治格局与军事地理格局变迁

以史为鉴——古代政治中心的变迁

历史治乱更替，天下大势也随之分合变迁。通常，一个统一的王朝因积弊太深而瓦解，天下便随之分崩，而演变成群雄逐鹿的局面。历史遂在混乱中酝酿新的统一。

1. 四角之地的政权更替

在历史治乱、分合的交替变迁中，在从治到乱、从合到分的阶段，据中原四战之地者常难，据四角山川险之地者常易。而在从乱到治、从分趋合的阶段，只有走出四角争中原者才有机会争天下。若仍固守一隅，则终难摆脱偏霸局面。因此，历代逐鹿虽在中原，但真正能参与逐鹿的群雄，却多不起于中原，而起于四角。历史上，那些最终完成统一天下大业的势力，大都是起于四角山川险固之地。先据有一到两个角，积累力量，继之以向两翼扩展，然后，向中原发展，进取天下。

秦、西汉、隋和唐都是以关中为基础统一天下的。由关中进取天下，以秦的统一开其先例，且其进取天下的历程亦最典型。西汉、隋、唐的统一，大抵循秦之故辙：其根基在关中，扩展在两翼，决战在中原。

东汉刘秀则开创了由河北进取天下的先例。刘秀在河北脱离更始帝自立，先据河北、次取河南，据洛阳，立为都；然后平定四方，统一天下。元和清都起自塞外，入主中原后，也以河北为其根基。

影视作品中的古代军队

明朝朱元璋开创了由东南统一天下的先例。朱元璋据有金陵，西平陈友谅，控制荆襄上游；东灭张士诚，巩固三吴根本。平定江南之后，兴师北伐元朝，先攻山东，由山东取河南之后，再北上攻取大都，驱逐蒙古势力，统一天下。

只有四川虽地处西南之角，建立于四川的政权在历史上还未见完成过统一天下的大业。建立于四川的政权中，虽未完成过统一天下的大业，但是，没有一个分裂动荡的历史时期四川地区会不出现独立的割据政权。在四川建立的政权有战国时的巴和蜀，东汉初的成家政权（公孙述），三国时的蜀汉政权（刘备），西晋末的成汉政权（李雄），东晋时的蜀政权（焦纵），五代时的前蜀政权（王建），后蜀政权（孟知祥），北宋时的蜀政权（先后有李顺和王均民建之蜀），元末的夏政权（明玉珍），等等。

据有四角山川险固之地者，上之可以平定四方，统一天下；次之可以割据一方，称雄一时。当统一的条件不成熟时，据四角之地可以建立起局部的秩序，成就一方霸业。以魏晋南北朝这段大分裂大动荡的历史时期为例，这段时期内建立的割据政权大多是在关陇、河北和四川，尤以关陇、河北为多。建立于关中的政权，除去那些全国性政权如秦、西汉、新（王莽）、隋和唐外，还有绿林更始政权、赤眉政权，十六国时的前赵、前秦、后秦、夏政权（赫连勃勃），北朝时期的西魏和北周、唐末的大齐政权（黄巢）、明末的大顺（李自成）等政权。此外，在丧乱之中，东汉和西晋政权也一度迁移关中。更不用说那些更小短暂割据的群雄，如唐末的李茂贞、元末的李思济等。

建立于河北的政权，除去那些全国性政权如元、明、清外，以燕、赵命名的政权就有许多。以燕命名的政权有战国时的燕、秦末的燕（韩广）、西汉初的燕（臧荼）、东汉初的燕（彭宠）、十六国时鲜卑慕容部所建立的前燕和后燕、唐末的燕（刘仁恭）等。以赵命名的政权有战国时的赵、秦末时的赵（武臣）、楚汉之际的赵（赵王歇）、十六国时的后赵等。此外，还有十六国时的魏（冉闵）、北朝时期的东魏和北齐、隋末的夏（窦建德）等。

建立于东南的政权，有春秋时期的吴、越，三国时的孙吴、东晋，南朝的宋、齐、梁、陈，唐初的吴（先后由李子能和杜伏威所建之吴）、宋

（辅公祏）、五代十国时的南唐、吴越，南宋、元末的周（张士诚）和太平天国等。

2. 四边之地的政权更迭

四边之地虽综合条件不如四角，但纷乱之际也易于凭借其地理形势形成割据势力，建立割据政权，而且，因其与周围地区联系便捷，往往容易造成很大的影响，尤其像山西、山东这样的地方。山西处关中、河北之间，俯瞰中原，且其地接塞北，少数民族容易渗透并造成重大影响。山西的割据政权中就有相当一部分是少数民族所建。历史上，在山西建立的政权倾覆中原政权者屡见不鲜，如匈奴刘汉之亡西晋、后唐之亡后梁、后晋之亡后唐，等等。山东地处南北之间，中国政治重心东移后，更是政治重心与经济重心之间联系的衔接地带，割据山东造成的影响也比较大。

随着历史大势的演变，不同地域的地位和战略意义是有变化的。中国政治重心自西向东的移动趋势即说明了这点。政治重心处于关中的时代，关中的地位自不待言；后来，在经历了一段摇摆之后，政治重心移至河北。与这一过程相伴随的是关中地位下降，而河北地位上升。这一变化给其他地域的地位也造成了一定影响，如在政治重心位于关中的时代，湖北是西北与东南之间衔接的纽带，地位比较重要；政治重心移至河北以后，随着关中地位的下降，湖北地位也有所下降，而山东则成了南北之间政治重心与经济重心联系的枢纽，地位举足轻重。

这是就大的趋势而言。实际上，不管在什么时候，不同地域的地位和战略意义都并不是固定的，而是随着当时政治、军事整体形势的不同而不同。

古代士兵在战场上吃什么

在战场上吃饱肚子比什么都重要，吃不饱怎么去杀敌呢！常言道：人是铁，饭是钢，一顿不吃饿得慌。不打仗的平常生活都如此，何况是在打仗需要大量体力的时候呢！

在战事繁忙的时候，秦帝国五个人里面就有一个士兵，全国的人主要干两件事：战争和农耕。秦帝国重视军功，只要一个士兵在战争中杀死2个敌人并拿首级报功，他那身为奴隶的父母就可以转为平民或当自由人。前线伙食分得也是非常仔细：三级爵位的士兵每顿有精米，还有酱半升等。两级爵位的士兵吃的就是粗米了，没有爵位的士兵能吃得饱就算不错的了。

西汉时，汉武帝发动对匈奴的战争，粮食从山东北部地区运往河套地区。那时运输工具不发达，道路很差，要走很长时间。押运的官兵牲畜不知道要消耗多少粮食，到了前线供给士兵的粮食也就剩下一半左右。新鲜的蔬菜不能储藏，难于运输，所以士兵伙食都是一些便于储藏的东西，比如米、饼、干肉之类。

宋朝时士兵吃的是什么呢？有人认为是刀削面。和宋军对战的西夏军队吃的是什么呢？有人说是面片。相传当年西夏军队横扫西北，为了节约时间，在行军的同时还要揉好面团随时携带，一旦驻扎下来就立即煮好牛羊汤，大家立即向锅里扔面片，这种方法省事方便。

蒙古帝国在13世纪发动了很多次战争，成吉思汗的军队遍及欧亚大陆，他的后勤是怎么解决的呢？马是蒙古人特有的资源，蒙古军队吃马奶和吃羊肉。涮羊肉也是蒙古的战地食品，羊肉切成薄片，易熟易凉，做得快吃得快。还有就是只要有水草的地方就能供马匹等畜牲生活，所以蒙古人拥有这样一个天然的粮库，用不着汉人那样的粮道。士兵的体质也好，作战更加有力。

到了明朝，朱元璋搞屯田，军办农场，让军队自己养活自己。号称200万的军队国家一分钱不投入，国家是省钱了，军人变成了农民了，但战斗力也大大地减弱了。

清军入主中原，八旗军队和当时的蒙古军队一样，都是吃牛马羊肉。清军还有一种食品萨其玛，这种点心口味不错，也可以充饥。

以上就是我国古代的士兵大致吃的战场食品。

分分合合——统一与分裂中的政治与地理

治则合，乱则分。历史治乱更替，天下大势也随之分合变迁。

历史治乱分合的演变有其自身的逻辑，地理环境只是其中的一个因素。统一首先必须以社会政治方面的凝聚力、向心力为基础，其次才是地理上的经营措置；分裂也首先是社会政治方面出现离心力，然后地理上的离心力才显现出来。

若单从地理因素来看，中国的地理环境的特点是整体的统一性和局部的独立性并存，既存在有利于统一的因素，也存在着离心的因素。

中国现有版图所包括的这片地域基本上是中国历史展开的舞台。由于地形地势的缘故，这片地域的东、南两面都是浩瀚的海洋，西南、西北都是险峻的山脉，北面是大漠。

秦和西汉相继建立起了大一统的帝国，并为确保帝国的安全而进行了积极的拓边，帝国的疆域基本上达于这片地域的天然极限。统一的观念随着统一帝国的建立而逐渐深入人心，并成为中国古代政治文化中相当重要的一部分。即使是在天下纷乱之际，逐鹿的群雄也大多怀着重新统一天下的抱负。在两千多年的历史演变中，统一的大局基本上得以维系，这种跟中国地理环境紧密结合在一起的、广泛深入人心的统一的观念乃是一个最基本的因素。

另外，中国的版图如此辽阔，境内的山河分布纵横交错，又形成了一个个相对独立的小区域，各地域之间地理环境、生产生活方式、民族、文化、社会风俗等诸方面的差异很大，要实现真正的统一，必须对上述各方面进行一种深度整合，否则，上述诸方面的差异在一定的条件下便可能表现为潜在的离心力，在特定的情况下就有可能被诱发出来。

在中国版图内的各区域之间，既存在促进彼此联系的有利条件，也有将彼此相对隔绝的天然屏障。如长江和黄河这样的大江大河，在东、西部之间就是一种联系的重要纽带，在南、北方之间却是一种天然的阻隔。像太行山、秦岭、大别山等大的山脉，在古代的交通条件下，的确就是一种天然的阻隔；但这些山脉的断层地带或河流穿切而形成的河谷低地却又提供了可供穿行的交通通道。

至于地理因素究竟是发挥出促进联系的积极作用，还是发挥出离心的消极作用，则要从当时的社会、政治的整合程度和中央政权经营措置上的得当与否来看。

当一个王朝强盛的时候，它的统治者往往能够以一种王者包容天下的宽广胸怀，推行比较积极的政治、经济、军事、民族和文化政策，而且，所推行的政策也往往能收到比较积极的效果，从而将中国地理中有利于统一的积极因素发挥出来，将潜在的离心力降至最低，使其并不发挥实际的消极作用，统一的局面因此得以维系。

而王朝衰弱，往往积弊太深。它往往会在潜移默化中积累下许多的矛盾和问题。在积弊中酝酿着广泛的矛盾，在积弊中滋长着各方面的离心力。随着社会上广泛的矛盾和离心力的滋长，地理上的离心力也开始显现出来。这种离心力增长到一定程度，就可能破坏统一，形成分裂的局面。

总而言之，在治与乱的更替、统一与分裂的交替过程中，地理因素的影响与作用是以社会、政治等其他更为根本性的因素为前提的。

知识链接

曹勋《古战场》

烟冥露重霜风号，声悲色惨侵征袍。
据鞍顾盼度沙碛，纵横白骨余残烧。
举鞭迟留问田父，彼将欲语先折腰。
泣云畔寇昔据此，老夫父子服弓刀。
将军下令起丘甲，法严势迫无所逃。
攻城夺险数十战，民残兵弊夷枭巢。
当时二子没於阵，老夫幸免甘无聊。
匹夫僭乱起阡陌，祸延千里俱嗷嗷。
官私所杀尽民吏，坐令骨肉相征鏖。
唯余将军封万户，士卒战死埋蓬蒿。
至今野火野昏黑，天阴鬼哭声嘈嘈。

古代战场的意义与价值

1. 历史意义

古战场作为历史上战争的发生地，对战争战斗结局有着重要影响，其地域发生的战争往往对所在时代所在区域的形势与格局产生重要影响，尤其是那些著名战争，像长平之战、赤壁之战、淝水之战等。古战场不仅是历史的发生地，也是后人研究历史的一种参考，可以分析历史人物的性格特征，该次战役的战况更能体现出当时环境下的科技、经济、生活状况等。

2. 文化意义

以史为鉴，可以知兴衰。古战场记录着历史轨迹，是后人与前人对话的重要载体。或纪念历史，或凭吊先人，或托古说今，历史都有着它存在的必然性和使命性。比如苏轼的《浪淘沙·赤壁怀古》《赤壁赋》，李华的《吊古战场文》，都是比较著名的因古战场而引发的思考名篇。

3. 旅游价值

著名古战场作为宝贵的人文景观，是人类历史的重要文化遗产，有着很大的旅游开发价值，很多著名古战场发展为重要旅游景点，比如因赤壁之战而闻名的赤壁市。将古战场开辟为旅游景点，不仅可以提升当地的旅游知名度，也可让后人体验当年那金戈铁马的戎马之争，发思古之幽情，同时激发人们的爱国主义情怀。

不过，由于历史模糊、地理不明，常常会有古战场地点所在的争议，比如赤壁古战场一直有湖北嘉鱼县东北、湖北蒲圻县西北两种分歧。

第二章

东北与华北古战场

本章介绍了东北及内蒙古地区的古战场——漠河古战场、抚顺古战场、兴城古战场、乌兰布统古战场；京津冀地区的古战场——山海关古战场、居庸关古战场、平乡古战场、井陉关古战场；山西地区的古战场——大同古战场、雁门关古战场、太原古战场、高平古战场。

第一节 雪白血红——东北及内蒙古地区古战场

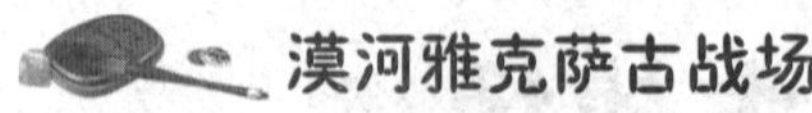

漠河雅克萨古战场

雅克萨是我国历史上著名的东北边疆古城，位于黑龙江上游左岸。俄罗斯的阿尔巴津镇，而我国的雅克萨古战场遗址则设立在古城岛。古城岛是我国黑龙江的第二大岛，位于漠河县兴安镇北，与古雅克萨城隔江相望。在雅克萨战争期间，清军在岛上筑城建营，设立指挥部，成为清军收复雅克萨的桥头堡。现在，古城岛上还留有当年的城堡和炮台的痕迹，成为人们追怀雅克萨战役的重要之地。站在岛上，遥望雅克萨城，仿佛还能听到隆隆的炮声。

雅克萨之战纪念碑

“雅克萨”原为女真语，意思是“涮塌了的江湾子”，最初为索伦部达斡尔族敖拉氏的住地。清顺治七年（1650年），沙俄侵略者强占雅克萨，在此建筑城堡并不断向黑龙江内地深入，从而将达斡尔族驱赶到嫩江流域。1685年为清军克复。后又被沙俄占领，1689年中俄订立《尼布楚条约》，规定其地拟由中国管辖。自此，清朝与俄罗斯便不断上演雅克萨争夺战，

但《中俄瑷珲条约》签订以前，雅克萨城一直为清朝所有，由黑龙江将军所属黑龙江副都统和布特哈总管派兵巡逻。咸丰八年四月（1858 年 5 月），沙俄迫使清政府签订不平等的《中俄瑷珲条约》，把黑龙江以北的大片领土划入沙俄版图，其中就包括雅克萨城。

知识链接

《中俄瑷珲条约》的主要内容

一、黑龙江左岸由额尔古纳河至黑龙江入海口划归俄国，右岸顺江流至乌苏里江属中国；乌苏里江往东至海的所有中国领土改为中俄两国“共管”。

二、精奇里江以南至豁尔莫勒津屯（俗称“江东六十四屯”）仍由中国人永远居住，并由中国官员管理，俄国人不得侵犯。

三、黑龙江与乌苏里江只准许中俄两国船只航行；准许俄商在黑龙江和乌苏里江一带自由贸易。

在雅克萨古战场上发生的最著名的战役就是 1686 年的中俄雅克萨之战。自 1649 年起，沙俄就不断侵入雅克萨，蹂躏当地百姓，致使久居此地的达斡尔族被迫搬迁。对这种侵略行为，清朝统治者曾多次提出警告，但都无济于事。这让清朝统治者认识到，若非“创以兵威，则罔知惩畏”，于是决定出兵征剿。

最初的几次征剿虽然也取得了胜利，但这些胜利又都是暂时的，因为当时清政府在黑龙江一带没有驻兵，每次出兵都得从宁古塔出发，由于路途较远，供给补充困难，常常会出现粮储不足的状况，因而要么行军至半途就不得不撤回，要么打了胜仗却无法长期驻守，无法长久保护胜利的果实。另外，沙俄侵略军虽然人数并不多，但比较分散，又多能通过耕种和贸易自给自足，因此常常采取你进我退，你退我进的策略，使得清军虽多次出兵，但却无法收到一劳永逸的效果。为了改变这种不利的状况，当政的康熙皇帝制定了一系列方略，如在雅克萨城附近种植庄稼，命令蒙古车臣汗与俄罗斯断绝贸易，派军队在距雅克萨城较近的瑷珲城永戍，修整战具，设置驿站和粮站等。渐渐地，清政府已建立了一条较完整的边界防守线，其在边防斗争获得了有利条件。

1683 年 9 月，再次勒令盘踞在雅克萨等地的沙俄军队撤离清领土，沙俄侵略者对此却不予理睬，反而率兵到瑷珲城劫掠。这种挑衅的行为激怒了清朝统治者，清军将领萨布素迅速带兵出击，将黑龙江下游的沙俄侵略军据点全部焚毁，并使雅克萨成为一座孤城。但沙俄侵略者仍负隅顽抗，不肯退出雅克萨。1685 年 4 月，曾以捕鹿为名，到雅克萨城附近侦察过地形的清军将领彭春在康熙的授命下，再次率兵奔赴雅克萨。这次，彭春统领的清军有部分八旗兵，还有一部分是曾安置在山东、河南等省的投降清廷的原明军藤牌兵。为了应对沙俄侵略军，藤牌兵还专门配备了各种火器。同时，清军还装备了 20 门威力较大的红衣大炮，这大大提高了清军的战斗力。因为对雅克萨的水陆交通情况都比较了解，所以彭春指挥部下水陆并进，于同年 6 月抵达雅克萨城下。在攻城之前，彭春先让 3 名俄军俘虏带着公文回到雅克萨城，希望俄军看到公文后立即退出雅克萨城，但俄军并未做出回应。随后，清军再次与俄方对话，申明清政府的要求。但俄方并不打算接受清政府的条件，还出言不逊。在这种情况下，彭春下令包围雅克萨城，准备武力攻城。这时，一队俄军妄图从水路突进雅克萨城，增援城内被困俄军，但被清军及时拦截，增援不成，反而伤亡惨重。清军对雅克萨城的武力进攻势头强劲，他们一边用红衣大炮向城内猛烈轰击，一边把劝降信射入城内。劝降信不但保证在俄军撤出雅克萨城的条件下可以保住他们的性命，甚至还破例允许他们带走自己的财产和武器。面对着清军强大的军事攻势和政治攻势，俄军再也无力抵抗，终于弃城投降。清军也兑现了自己的承诺，不但把撤出雅克萨城的 700 多名俄国士兵安全送到额尔古纳河口，还把 45 名不愿回国的俄军带到了瑷珲。与此同时，曾被俄军扣押作人质的中国同胞也被成功解救出来。至此，第一次雅克萨之战以清军的胜利落下帷幕。

但沙俄并没有因此而放弃对雅克萨的争夺。当清军回师瑷珲城后不久，俄军就再次拼凑兵力，蹿回雅克萨。这种背弃承诺的无耻做法引起了清政府的极大愤慨，也引发了中俄之间第二次雅克萨之战。

1686 年，康熙皇帝再次下达了收复雅克萨的军令，这次指挥作战的主要

将领是当时的黑龙江将军萨布素。萨布素率领清军进驻位于雅克萨城对面的古城岛，在岛上挖长沟，筑土墙，建营盘，设立指挥部，并围困雅克萨城。7月，萨布素指挥清军对雅克萨城展开猛烈的正面进攻，隆隆炮声不断响起，被围困在城中的沙俄军队十分被动，无力还击。在重炮的猛烈攻势下，雅克萨城内的俄军最高指挥官托尔布津中炮身亡，俄军虽仍继续负隅顽抗，但败局已定。8月，萨布素又指挥清军在雅克萨城的南、北、东三面挖战壕围城，然后派战舰在城西河面巡逻。之所以这样部署，是因为隆冬将至，江水结冰后无法行船，那么清军的粮草供给就会难以跟上。而顽守城中的沙俄残兵可期待援军的到来，因此清军一方面派战舰巡逻以切断俄军外援，另一方面加紧围城，迫使城中俄军早日投降。果然，没用多久，原本驻守在城内的800俄军就只剩下了66人，而内外交困的状况使他们完全丧失了斗志，直至最后投降。清政府取得了雅克萨之战的最终胜利。

莫斯科方面得到俄军雅克萨之战失败的消息后，被迫派专使赴北京与清政府议和。1689年9月，经过一系列谈判，中俄双方代表在尼布楚签订了《中俄尼布楚条约》。《条约》规定以外兴安岭至海，格尔必齐河和额尔古纳河为中俄两国东段边界；黑龙江以北，外兴安岭以南和乌苏里江以东地区均

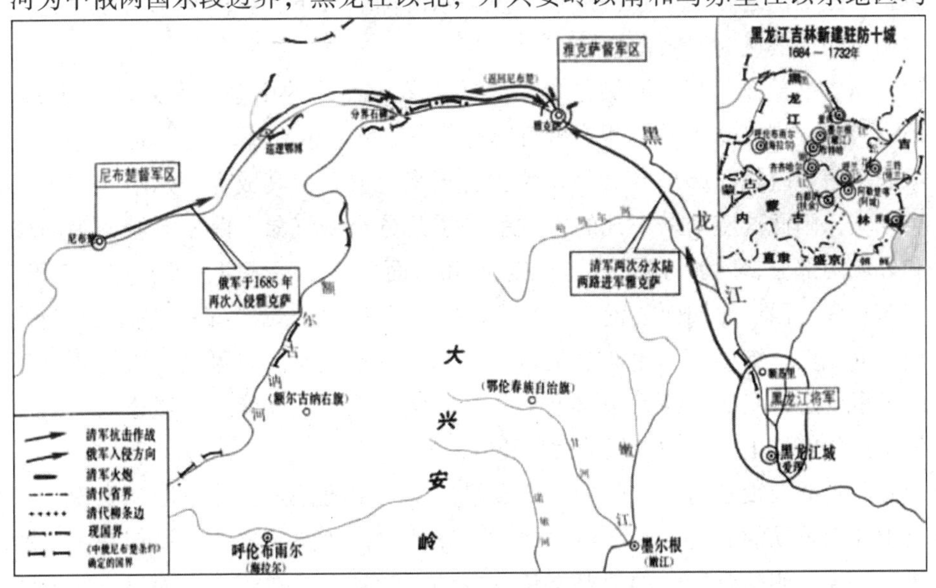

雅克萨之战形势图

为清朝领土。

雅克萨之战的胜利，是清军东北边界保卫战的重大胜利，体现了清军将领指挥作战的军事才能。它挫败了沙俄入侵我国黑龙江流域的企图，遏制了沙俄侵略的步伐，确保了东北边境此后一个半世纪的相对安宁。

抚顺萨尔浒古战场

走进抚顺市萨尔浒风景名胜区，人们能看到雄奇秀美的青山碧水，古洞奇石，但在混合了云山烟水的水乡美景与溪谷峰峦的山岳奇观的名胜地，却很难再感受到古战场的神韵，因为当年的古战场遗迹已有大半淹没在新中国成立后新修的大伙房水库里，要追古怀远，也只能乘上游船，于翻起的阵阵浪花中去悉心寻觅了。

"萨尔浒"是满语，汉语的意思是"木橱"，也就是树木茂密的意思。明朝时，萨尔浒曾经只是一个鲜为人知的地名，位于现在辽宁省抚顺市东部浑河南岸，那时，萨尔浒山和萨尔浒山脚下的萨尔浒城是女真族繁衍生息之地。后来，因明清之际的萨尔浒战役，使萨尔浒闻名天下，更因努尔哈赤在此大败明军而使其成为著名古战场。

据史书记载，萨尔浒城是由女真族人依山而建的山寨逐渐发展而成的。1585 年，努尔哈赤曾在这里击败五寨联军，占领萨尔浒城，统一苏可素浒部，巩固了后金政权。1620 年，努尔哈赤曾迁来此城，使其成为努尔哈赤的第三个都城，因此这座本来平凡的古城就有了几分皇城气象。萨尔浒城分为内城和外城两部分，内城方圆 3 里，在东面和南面各有一座城门；外城方圆 7 里，在东、南、西、北四面各置一门。城墙虽然只有三四米高，但依然很有气势；城中的城堞、炮楼、飞檐斗拱更显出了几分皇家气派。只可惜，历经几百年的世事变迁，我们已经无法再见到萨尔浒城的原貌，只能从旧城遗址上依稀辨认出这座依山而建的古城的大体轮廓。

萨尔浒战役是明清之际的重要战役。说它重要是因为对于明朝来说，这是由他们发动的战役，后金当时处于防守地位，然而战争的结局却是明军的惨败，导致明朝对后金的战略态势由主动变为被动；对于后金而言，这场防守战的胜利不但巩固了后金的政权，更奠定了清王朝的根基，使后金从战略

萨尔浒风景区

防守转入对明朝的战略进攻，并逐步掌握了主动。

萨尔浒战役的起因在于1618年4月努尔哈赤以“七大恨”为缘由，起兵征明。出兵后，努尔哈赤一路进攻，节节胜利，致使当时饱食终日、万事不理的神宗皇帝也深感危机，于是，为了稳定辽东局势，神宗皇帝下达了进攻后金的命令。但是，当时明朝的政治已十分腐败，军队纪律松弛，士兵气势颓靡，战斗力极差。当时驻守在辽东的明军虽然名义上有8万多人，但能作战的也就1万多人。为了加强辽东驻军的军事力量，朝廷又从全国各地征调军队，并胁迫征调了2万多朝鲜兵，但被征调的兵士中有相当一部分人不愿出关，甚至哀哭求调。在这种情况下，经过九个多月的准备，明朝共有27万人马会聚辽东，当时号称47万大军。负责此次战事的辽东经略为明朝将领杨镐，他见后金军只有6万多人，甚是得意，很快与诸将议定采取分兵四路进攻后金的作战策略，并自大地认为此次明军以优势兵力四路并进，很快就能取得战斗的胜利。然而他过于乐观地估计了战争的形势，努尔哈赤此时已经掌握了明军的战略部署和行动计划，并准确地分析出明军采取的分进合击、声东击西的策略。为此，对于刘綎遂率南路军的进攻，努尔哈赤只分派500人进行抵御和阻滞，同时集中优势兵力打击从西路攻来的杜松军，正所谓“凭尔几路来，我只一路去”。努尔哈赤的这种策略使后金军变劣势为优势，以6万大军防守杜松的3万人，占据了优势，取得了主动。很快，杜松率领的明军与努尔哈赤率领的后金军在萨尔浒相遇，揭开了萨尔浒战斗的序幕。

知识链接

努尔哈赤“七大恨”

我之祖父，未尝损明边一草寸土，明无端起衅边陲，害我祖父，此恨一也；明虽起衅，我尚修好，设碑立誓，凡满汉人等，无越疆土，敢有越者，见即诛之，见而顾纵，殃及纵者，讵明复渝誓言，逞兵越界，卫助叶赫，此恨二也；明人于清河以南，江岸以北，每岁窃逾疆场，肆其攘夺，我遵誓行诛，明负前盟，责我擅杀，拘我广宁使臣纲古里方吉纳，胁取十人，杀之边境，此恨三也；明越境以兵助叶赫，俾我已聘之女，改适蒙古，此恨四也；柴河三岔抚安三路，我累世分守，疆土之众，耕田艺谷，明不容留获，遣兵驱逐，此恨五也；边外叶赫，获罪于天，明乃偏信其言，特遣使遗书诟言，肆行凌辱，此恨六也；昔哈达助叶赫二次来侵，我自报之，天既授我哈达之人矣，明又挡之，胁我还其国，已以哈达之人，数被叶赫侵掠，夫列国之相征伐也，顺天心者胜而存，逆天意者败而亡，岂能使死于兵者更生，得其人者更还乎？天建大国之君，即为天下共主，何独构怨于我国也？今助天谴之叶赫，抗天意，倒置是非，妄为剖断，此恨七也！欺凌实甚，情所难堪，因此七恨之故，是以征之。

杜松率明军到达萨尔浒时，后金军正在界凡城构筑防御工事，得知这一消息，杜松留下2万人驻守萨尔浒，亲自率领一万人攻打界凡城，企图一举歼灭界凡城的后金军。但他不知道，这样的部署使本就分散的明军兵力再行分散，并给了努尔哈赤一个极佳的各个击破的机会。努尔哈赤当然不会错失良机，他一方面派代善和皇太极率领两旗截击杜松，另一方面亲自率领六旗猛攻萨尔浒。萨尔浒的明军没想到后金军会突然而至，被打得措手不及，在后金军猛烈的攻势下，很快就逃出萨尔浒城，最终被歼灭于得力阿哈一带。而杜松亲率的明军也在吉林崖下陷入重围，全军覆没，连杜松本人也没能逃脱。

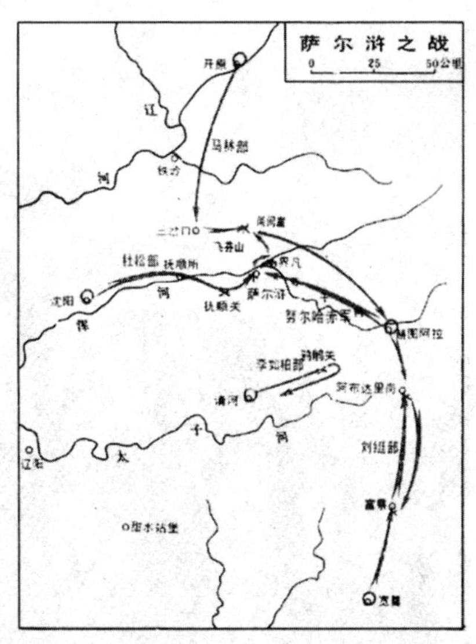

萨尔浒之战示意图

歼灭明西路军后，努尔哈赤乘胜北上，很快就攻灭了北路军，北路军中仅马林一人得以逃脱。在北路获胜后，努尔哈赤立即派后金军星夜兼程赶赴东线，然后隐伏山谷，全歼了毫无戒备的刘綎军。随后，后金将领代善和八旗兵，紧紧围住姜弘立统领的朝鲜兵的军营。此时的营中军士已无退路，人困马乏，毫无斗志，在这种情况下，全军投降。辽东经略杨镐接连接获三路大军覆灭的消息，惶急中命令李如柏赶快撤兵。最终，明朝的四路大军就只有这一路逃脱了被歼厄运。

萨尔浒战役对明朝来说是一次重大的失败，明朝对后金不得不由战略进攻转入战略防守。而对后金而言，萨尔浒战役却是集中使用兵力、连续作战、各个击破、以少胜多的典型战例。努尔哈赤机动灵活的指挥才能使得后金信心大增，从此由对明朝的战略防守转入战略进攻。明朝对后金的战略形势出现大逆转。

兴城古城

兴城古战场

兴城是辽宁省的一个县级市，也是著名古战场“宁远卫城”的故址所在地。兴城位于锦州与山海关之间，距山海关 100 公里，因其地处辽西走廊中部，三面环山，一面临海，北达沈阳，南通榆关，所以自古就是兵家必争之地。

兴城古城始建于明宣德三年（1428 年），至今虽历经五百余年的风雨，却依然保存完好。古城呈正方形，城墙顶部外沿筑有垛口，城墙内修有女儿墙。城墙四面正中各有一座城门，城门上筑有箭楼，城门内侧沿城墙修有蹬道。城墙四角炮台高筑，当年，一尊尊红衣大炮就威风凛凛地架在炮台上，守卫着这座古城。古城的正中心，是一座高 17.2 米的钟鼓楼，钟鼓楼分三层，那宏伟的外观让它在古城中显出巍峨的气势。古城东南角有一座建筑精良、八面八角的魁星楼，楼内供有魁星像。古城内的大街分东、西、南、

北四条，相交成十字形，其中南街保存的古迹最多，明代祖氏石坊就在南街上。

追溯兴城的历史，我们发现早在原始社会末期，我们的祖先就已在此繁衍生息了，这些可以从仙灵寺、兹毛山、狐仙洞等古遗址发掘出来的文物中得到证明。此后，在历史的演进过程中，兴城的所属和名称虽屡经变迁，但却一直与中原文化和中央政权紧密相连。到辽圣宗统和八年（990 年），在此设兴城县，这是“兴城”这一名称的最早由来。元朝时废除兴城县，此地分属锦州和瑞州管辖。至明朝时此地又成为辽东督指挥使司属下的宁远卫城，并逐渐成为明朝末期抵御后金南犯的关外重镇，著名的“宁远大捷”就发生在这里。

明朝末期，后金势力不断壮大，萨尔浒一役明军溃败，更助长了后金进犯中原的气焰。而此时的明朝统治者却日渐昏聩，阉党魏忠贤把持朝政，排除异己，致使当时战绩显著的辽东经略孙承宗被迫辞职还乡，辽东经略一职则由色厉内荏、畏敌如虎的高第替代。高第一上任就决定放弃关外土地，并下令将锦州、右屯、大凌河、宁前等城的守军撤回关内。锦州、右屯、大凌河三城是辽东明军的前锋要塞，如此仓皇撤防必将使大明疆土处于危险之中。可高第无视官员们的不满和上书，执意撤兵，并传檄撤宁（远）前（屯）路防备。这时，身为宁前道的袁崇焕拒不执行高第的命令，决心身卧宁远，保卫孤城，抵御后金军的进犯。

袁崇焕虽决心已定，但也心知守城的困难。此时城中士卒不满 2 万，如不做好充分准备，根本无望守住城池。于是，袁崇焕在诸将的议请下，进行了一系列守城准备：第一，制定兵略，凭城固守；第二，激励士气，划地分守；第三，修台护铳，布设大炮；第四，坚壁清野，严防奸细；第五，兵民联防，送食运弹；第六，整肃军纪，以静待动；第七，重金赏勇，鼓励士气；第八，防止逃兵，预先布置。

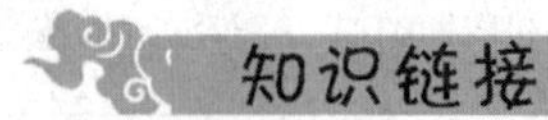
知识链接

袁崇焕简介

袁崇焕，字元素，号（或字）自如，明朝末年著名的政治人物、文官将领，在抵御后金的战役中多次取得胜利。他是广东承宣布政使司广州府东莞县石碣镇水南乡（今广东省东莞市）人，万历四十七年（1619 年）中进士，入主兵部后关心辽事，为后来指挥作战打下基础。但因为后期投靠魏忠贤，并两次上书为魏忠贤请立生祠而留下污点。因此后世对袁崇焕的评论颇有争议。

天启六年（1626 年）正月，努尔哈赤统领 6 万（号称 20 万）八旗劲旅扑向宁远。由于驻守关外的明军在高第的命令下都已撤入关内，因此八旗军如入无人之境，连陷右屯、大凌河、锦州、小凌河、松山、杏山、塔山、连山等八座城堡，直奔宁远。宁远形势危急，但明军却无一来援，在这种情况下，袁崇焕却泰然自若，静待后金兵靠近城池。努尔哈赤带兵于宁远城外五里安营扎寨，在攻城之前，他先释放虏获的汉人回宁远城劝降。袁崇焕拒不投降，并命手下向城外的后金军大营施放西洋大炮。大炮火力威猛，后金军被迫将大营从城北移至城西。

努尔哈赤见劝降不成，大营又遭受炮火攻击，就命令部队准备战具，于次日发兵攻城。攻城之初，后金步兵、骑兵蜂拥而上，推楯车，运钩梯，万矢齐射城上。但明军以城护炮，以炮卫城，同时矢石、铁铳齐发，打得后金兵死伤无数。努尔哈赤见伤亡惨重又久攻不下，就改变策略，命士兵在城墙上凿洞。明军虽矢镞、礌石、火球、大炮等并用，但后金兵前仆后继，冒死不退，很快就在城墙上凿开大洞三四处，使宁远城陷入危局。在这生死存亡的关头，袁崇焕身先士卒，即使负伤，仍然率领官兵用棉花火药等烧杀挖城

墙的后金士兵，这极大地鼓舞了明军的士气。就这样，双方自清晨激战至深夜，宁远城下尸积如山，宁远城几乎失陷。之后两天，努尔哈赤带领后金兵继续围城，但由于明军西洋大炮火力威猛，袁崇焕指挥若定，后金兵伤亡惨重却无法攻克城池。无奈，努尔哈赤只好下令停止攻城，撤兵而去。据传，在此次战役中，努尔哈赤被明军西洋大炮所伤，不久便驾崩，皇太极即位，称天聪汗。

袁崇焕

宁远之役，袁崇焕充分利用西洋火炮和城池的优势，以己之长击敌之短，用不足 2 万人的兵力，击退后金 6 万大军的围攻，取得明朝自抚顺失陷以来的第一个大胜仗。同时，因为宁远是山海关的屏障，关系着京师的安危，明政权的存亡，所以宁远大捷对明朝来讲具有特殊的地位与意义。

如果说兴城是明朝抵御后金南犯的关外重镇，那么首山就是守护兴城古城的天然屏障。首山屹立于兴城的东北方，因三峰矗立，状似人首而得“首山”之名。现在的首山是著名的国家森林公园，那远望犹如仰卧少女的俊美风姿让人很难将其跟战火硝烟联系起来，然而在明末的纷争中，它却是扼守兴城的咽喉，明末清初著名的“宁锦大捷”主战场就在首山。

宁远大捷之后，后金军很快以明军没有议和诚意为由，对宁远和锦州发动进攻，这时是天启七年（1627 年），后金的统治者是天聪汗皇太极。而明军方面，因宁远之战获胜，袁崇焕升任辽东巡抚，得到后金兵出兵的消息，他立即进行了部署。

天启七年五月初六，后金兵自沈阳出发，三路并进，四面合围锦州城。当时锦州由总兵官赵率教驻守，当皇太极对锦州城西一隅发动进攻时，赵率教即识破了他先破城西的意图，遂调遣其他三面守城明军主力守御西城，并以炮火、矢石阻击攻城的后金军，使后金军损失惨重。就这样，明军与后金

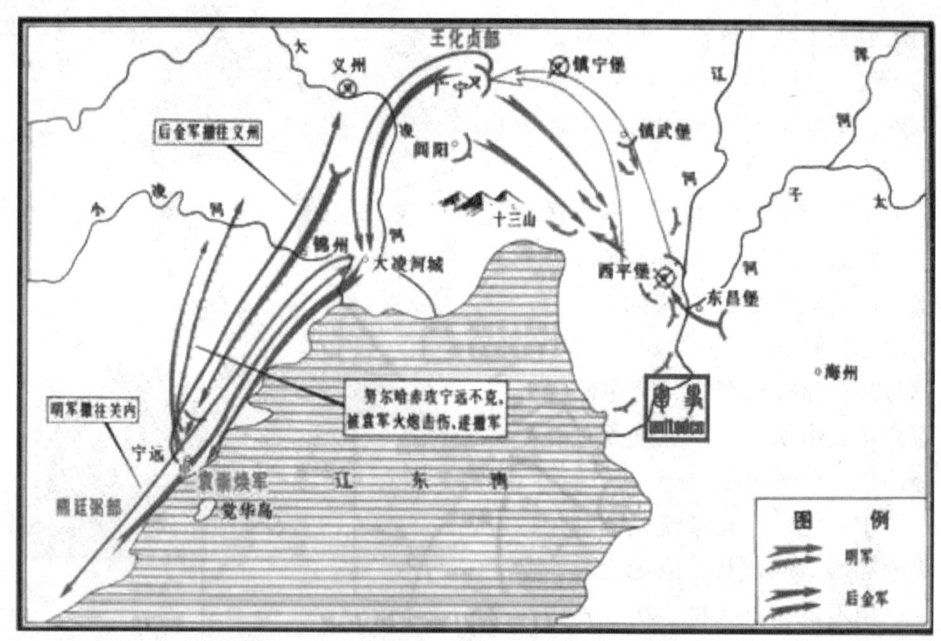

宁远之战作战经过示意图

军激战 14 天，后金军的进攻仍无半点进展。为此，皇太极改变策略，企图诱使明军出城，但赵率教并不上皇太极的当，依然是固守城池，不肯出兵。皇太极无奈，即转攻宁远。

这时驻守宁远的是袁崇焕及副将祖大寿，当皇太极攻向宁远时，兵部又派满桂率关兵 1 万赴宁远增援，但明军兵力仍然不足，很难与后金兵决战。为此，袁崇焕先发四千骑兵从背后突袭后金兵，双方在笊篱山激战，互有伤亡，最终明军寡不敌众，退回宁远城。之后，皇太极指挥后金兵攻宁远城，袁崇焕指挥明军用西洋大炮拒敌，双方伤亡相当。皇太极攻宁远不下，又回师锦州，但伤亡较多，锦州却围而不下，无奈，皇太极只好从锦州撤围，回师沈阳。

此次对敌，明军凭借坚固的城池，固守不出，以逸待劳，使后金军在锦州、宁远两处受挫，损失惨重，并不得不撤兵，可以说取得了极大的胜利，因此称此役为“宁锦大捷”。可以说，宁锦大捷挫败了后金军的气焰，阻止了后金军的继续西进。

乌兰布统古战场

乌兰布统是清朝木兰围场的一部分，因康熙皇帝曾在此地指挥清军与噶尔丹大战而著称于世。“乌兰布统”也译为“乌兰布通”。“乌兰”意为“红色”，“布统”意为“倒置的酒坛子”。之所以会有这样的名字，是因为乌兰布统峰呈红褐色，矗立在草甸之上，山下一汪湖水，宁静如镜。隔水遥望，乌兰布统峰犹如一瓮赤坛倒置于碧水之中。

乌兰布统位于克什克腾旗（今内蒙古翁牛特旗西南）之西，距北京300多公里，南接中原，北连塞外，塞罕坝绵延百里，成为乌兰布统的天然屏障。这样的地理条件使它自清康熙时起，就成了皇帝避暑狩猎的胜地。而现在的乌兰布统更因其独特的地貌和美丽的自然风光，而成为颇负盛名的旅游胜地和影视拍摄基地。

乌兰布统大草原

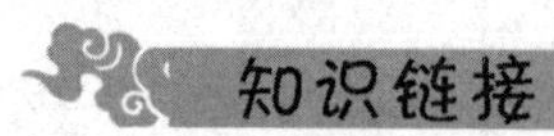

知识链接

中国历史上的女将

在中国历史上，女兵女将早就频频在战场上征战。

古代第一位有据可查的女将，是商高宗武丁的王后妇好，她带兵东征西讨，鼎助夫君将商朝版图扩大了数倍。妇好不仅善战，还掌管着祭祀与占卜的权力，连武丁都怕她三分。

此后，历朝军中女将层出不穷。西汉末年，先后出现了两个农民起义女领袖吕母、迟昭平；北朝，有众所周知的花木兰；隋朝初年，有排除障碍带领所辖八州归附隋朝的冼夫人。

至唐代，唐高祖的三女儿平阳公主曾组建一支部队，为创建大唐江山做出不可磨灭的贡献。这支部队军纪严明，作战英勇，得到了广泛拥护。今山西平定县的“娘子关”，就是因平阳公主的驻军而命名的。

宋朝，有著名抗金女英雄梁红玉。建炎四年（1130 年）春，金军从杭州劫掠财物北归，梁红玉指挥宋军，把金兀术的军队困在了黄天荡，使金军丧胆，再也不敢轻易越过长江南侵。她的名气，毫不逊于她的丈夫韩世忠。

明朝，赫赫有名的四川忠州女子秦良玉，是列入国家编制的“正牌”女将军。她自幼随父习文练武，善骑射，通诗文，有智谋。丈夫死后，继任其职，曾派出族人救援沈阳抗击后金，也曾亲率三千“白杆兵”北上镇守山海关。

清兵入关南下，秦良玉坚持抗清，战功卓著，累功至太子太保、中军都督府左都督、镇东将军、四川总兵官、忠贞侯。据说，崇祯皇帝还写诗夸赞她：“学就四川作阵图，鸳鸯袖里握兵符；由来巾帼甘心受，何必将军是丈夫。”

1860 年，英法联军攻入北京后四处掳掠，十九岁的谢庄女子冯婉贞与父

亲冯三保一起，带领民团抗击英法军队，保护了谢庄百姓的生命和财产安全，成为传诵一时的英雄。

纷纷乱世，名垂青史的女兵女将，数不胜数。巾帼女豪秋瑾在诗中写道："休言女子非英物，夜夜龙泉壁上鸣！"

乌兰布统之战发生在1690年。战争爆发之前，新疆厄鲁特蒙古族部落准噶尔部的首领噶尔丹做了大汗，此后就开始东征西讨，用武力征服了漠北蒙古各部，到公元1689年，噶尔丹的势力已经发展到现在的中蒙边境一带。而且，噶尔丹还和沙皇俄国订立盟约，要共同对付大清王朝。

其实，噶尔丹的扩张行为早就引起了清王朝的注意，但清王朝当时正忙于平定"三藩之乱"，无暇也无余力顾及噶尔丹。平定三藩之后，当时的大清皇帝康熙先派使臣与沙俄签订了《中俄尼布楚条约》，用黑龙江流域的大片土地换取了东北地区的安宁，同时孤立了噶尔丹，为打击噶尔丹做好了准备。

1690年上半年，噶尔丹以追索仇人为名率兵南侵，康熙见时机已到，立刻派出两路兵马迎击噶尔丹，自己也随其中一路兵马御驾亲征。但出征初期并不顺利，首先康熙皇帝得了疟疾，不得不在波罗和屯（今隆化）驻扎养病。而因福全与胤礽互相参劾，争夺军权，又有发生兵变的危险。在这种情况下，康熙不得已命令自己所在的这路军队在土尔埂伊扎尔（今乌兰布统开发区红山军马场十二座连营村民组）扎营待命。可这样，另一路大军就处在了孤军深入的形势，所以连吃败仗，不得不退回，与驻扎在乌兰布统地区的军队会合。噶尔丹得了几场胜仗，自然不肯放松，紧紧尾随清军赶到乌兰布统地区。这时，清军调集的助攻部队还没到，决战还无必胜把握，所以康熙命福全以谈判为由实行缓兵之计。但噶尔丹也很机敏，很快就发现了清军有意拖延，等待后续部队的意图，因此准备撤军。康熙当然不会就此放过噶尔丹，于是下令与噶尔丹决战。

农历八月初一，清军5万人马与噶尔丹3万骑兵在乌兰布统峰下展开

康熙塑像

大战。噶尔丹用数千峰骆驼围成“驼城”，士兵从骆驼与骆驼间的缝隙向外打枪、放箭，这样的布阵方式暂时阻滞了清军的进攻。而且噶尔丹的军队中还配备了少量从沙俄购得的滑膛枪，这种枪在对阵中也起到了不小的作用，康熙的舅父佟国纲就被这种枪打伤乃至阵亡的。但清军此次出征准备比较充分，还携带了火炮，所以阻滞只是暂时的，清军很快就集中并发挥火炮的优势，摧毁了噶尔丹的驼城。失去驼城的掩护，噶尔丹的军队很快就被清军的骑兵和步兵冲乱阵脚。另外，清军将领佟国维指挥左翼军在火炮的掩护下绕过沼泽地，从侧面横击，斩杀敌人甚众，大败噶尔丹。黄昏时分，清军撤出战场。

第二天，清军继续进攻，噶尔丹率军队奔向高山顶，誓死据险固守。同时，噶尔丹设计拖延清军追击，最后夜渡西拉木伦河逃走。至此，清军取得了乌兰布统之战的胜利，虽然没有歼灭噶尔丹，但噶尔丹的军队也受到重创，大大削弱了噶尔丹对清朝的威胁。

现在，在乌兰布统游览，人们还能看到乌兰布统峰下一汪清澈的湖水，

这就是著名的“将军泡子”。而“将军泡子”这个名字就是为了纪念在乌兰布统之战中阵亡的“神威大将军”佟国纲得来的。盛夏时节，“将军泡子”千亩碧水清澈宁静，放眼远望与天相接。若赶雨后初晴，常常浓雾锁山，水汽迷蒙，红褐色的山峰在云雾中若隐若现，美不胜收。

第二节 燕赵悲歌——京津冀地区古战场

山海关古战场

山海关以“天下第一关”而著称于世。它位于华北与东北的交界处，南临渤海、北依燕山。在燕山山麓的长城之上，山海关那雄伟的城楼，依山傍海，十分壮观。

山海关在远古时期属幽州碣石，是连接中原与东北少数民族政治和经济的交通要道。到了中古时期，山海关则因其地扼东北通向华北的咽喉的重要地理位置而成为兵家争夺的战略要地。山海关筑城建关是在明太祖时期，当时明太祖下令建造山海关，始有了“山海关”的名称。山海关不但地理位置重要，而且地势险要，修筑精巧，作用重大，因此曾有人写诗赞其为“两京锁钥无双地，万里长城第一关”。当年，山海关关城周长 4 公里多，城高 12 米，外绕宽 16 米、深 8 米的护城河。关城的四面各有一座关门，东门名为“镇东”，就是现在“天下第一关”的关门。关城的东西两侧筑有罗城，南北两侧铸有翼城，以驻军队，互为犄角。关城往东几里之外又筑有威远城、烽火台、敌台等附属工程。这些附属建筑如群星一般围绕着山海关关城，形成

天下第一关

了众星拱月之象，也组成了一个完整的战备防御体系，起到了长城东首要害重镇的作用。

如今，踏上山海关东门城楼，就可以看到笔力顿挫凝重、雄劲浑厚的“天下第一关”的匾额题字。匾额上的五个字大约1.6米，整体艺术风格与关山险隘的建筑格局十分谐调，使整个城楼显得更加奇特俊秀。登上“天下第一关”城楼，南眺渤海，白浪滔天，烟波浩渺；北望长城，蜿蜒起伏，气势磅礴。而那绵延起伏的城墙，威严高耸的敌楼、烽火台，陈列在城楼内寒光闪闪的盔甲兵器，更给人关高城重、壁垒森严之感，让人恍若置身古战场。

一提到山海关，提到长城，人们往往会想到千里寻夫、哭倒万里长城的孟姜女，在山海关城东的凤凰山山顶就建有孟姜女庙。孟姜女庙就是根据历史传说修建的，庙内供有孟姜女塑像，她身着青衫素服，面带愁容遥望着南海，仿佛在寻觅，在悲泣。千百年来，孟姜女哭长城的诗文、戏曲、传说、唱本广泛流传，给长城古关增添了一层层悲壮色彩。

知识链接

孟姜女庙

孟姜女庙

“孟姜女庙”坐落于山海关以东6.5公里的凤凰山上，由贞女祠和孟姜女苑组成。贞女祠始建于宋代以前，明万历二十二年（1594年）主事张栋重修。孟姜女庙前有108级台阶直通山门，庙上红色围墙内有前后两殿及钟楼、振衣亭、望夫石等景观。庙后建有江南水乡风格的园林观赏区——孟姜女苑。孟姜女庙是长城文化衍生出的民间民俗文化的产物，根据孟姜女千里寻夫，哭倒万里长城的故事构建景观。孟姜女庙有一副堪称“天下第一奇联”的对联，上联是“海水朝朝朝朝朝朝朝落”，下联是“浮云长长长长长长长消”。这副对联表面看虽是文字游戏，却包含着人生哲理，让后人产生无限遐想。从这副对联中，我们也可以窥见中国古典文化的深厚底蕴。

曹操曾在《步出夏门行》中吟到“东临碣石，以观沧海”，可一直以来人们一直不知道这“碣石”到底在哪里？1986年，在山海关外15公里处濒临渤海的绥中县万家乡发现了六处秦汉大型宫殿遗址群。无独有偶，在山海关西南北戴河区横山南边也发现了一组大型建筑的遗址。据考古专家考察推断，这两面三山处遗址很可能是秦始皇东巡时的行宫。秦始皇行宫遗址的发现使“东临碣石”的千古之谜也被揭开。距绥中县秦代行宫遗址旁的海岸线仅400米的海中有一块巨大的礁石，人们一度称其为“姜女坟”，据考古学家

考证，“姜女坟”就是历史上赫赫有名的“碣石”。这一发现，使山海关胜境更增魅力。

作为古战场，在山海关的战火硝烟中，最令人难忘的就属李自成与吴三桂、多尔衮的山海关战役了。时值明末，李自成的大顺军攻入北京城，明朝末代皇帝崇祯帝朱由检令太监送儿子到外面躲避，后命皇后和妃子自缢身亡，自己在煤山自缢。表面上看，李自成统治天下似乎已成定局，但实际上在关外的清政权正虎视眈眈地窥伺中原。

在这种政局下，一部分明朝旧臣归顺了李自成，另有一部分明朝旧臣则投向了清政权。而吴三桂作为驻守山海关的明朝旧部，他的去留成为大顺与清争夺天下的一个关键。其实，此时的吴三桂既接到了大顺的游说，也接到了清政权的劝降。他的亲眷都在李自成接管的北京，而他的舅舅祖大寿和哥哥吴三凤已降清。因为有较大的回旋余地，所以吴三桂一直犹豫不决。但李自成攻陷北京后，吴三桂考虑到自己的亲眷都在京城，怕自己归降清会给家人带来性命之忧，于是最终决定投向李自成，并率军离开山海关准备进京，把山海关的守关之责交给唐通。吴三桂的兵马行至永平（今卢龙）西沙河驿时，遇从北京逃出的家人，得知父亲吴襄在北京遭受农民军拷掠，爱妾陈圆圆被夺占，勃然大怒，顿改初衷，举起了为崇祯帝复仇的大旗，向李自成开战，还师山海关，袭击唐通部。

唐通受到吴三桂的攻击，马上向李自成求援。李自成获悉吴三桂叛变占领山海关的消息后，经过紧张的商议，决定一面安抚吴襄，以吴襄的名义写信规劝吴三桂，希望借父子之情使他幡然变计；一面作好武力解决的准备，出兵平叛。4 月 13 日，李自成亲自率兵向山海关进发，同时还带来了吴三桂的父亲吴襄，以争取吴三桂。得知李自成带十万大军而来，吴三桂料想自己无法抵挡，于是写信向多尔衮求援。清军在翁后（在今辽宁阜新境）遇到吴三桂的使者，遂改道从连山（在今葫芦岛市境）、宁远一线日夜兼程，疾趋山海关。同时，吴三桂为了拖延李自成的行军速度，做好军事布防，派出使者向李自成称吴三桂仍然愿意归顺李自成，希望李自成缓师慢行。李自成信以为真，本来五日即可到达山海关，八天才抵关下。到了山海关，李自成发现吴三桂已在石河一带做好了对阵准备，根本就没有投降的意思，于是，山海关之战立即开打。

当日，李自成劝降不成，即命主力6万分别对西罗、北翼和东罗城猛攻，同时令唐通、白广恩部近2万人从一片石（今辽宁绥中九门口）出边立营，企图断绝吴三桂退路。吴三桂以主力列阵于西罗城石河以西一线，阻止大顺军。双方在西罗城附近展开激烈的对战。守军诈降诱大顺军数千人抵近城垣，在城上突发火炮，使大顺军死伤甚众，被迫后撤。而攻打北翼城的大顺军进攻比较顺利，他们利用居高临下的地形，猛攻城垣，经过一夜的激战，迫使守军一部投降。但这小小的胜利并未给大顺军带来多大的帮助，因为其他各城并未攻下，所以大顺军仍无法进据罗城。而当天夜里，驻守在一片石，企图切断吴三桂退路的唐通部遭到清军攻击，战败后被迫退入关内。

经过几天对战局的观察，多尔衮基本已掌握了大顺军的虚实，并决定采取以逸待劳、后发制人的作战策略。他不再主动出击，准备等到大顺军与吴三桂的军队陷入疲劳状态后，再突发奇兵，一举得胜。这样的作战策略就让吴三桂的军队承担了更多的大顺军进攻的压力，在寡不敌众的情况下，吴三桂的军队陷入危险境地，于是吴三桂带随从冲出重围，奔至关城东二里的威远堡向多尔衮称臣，为表忠心，还剃了发，并将清兵引入山海

山海关岩石上城墙

关内。

吴三桂是真心要归降了，于是多尔衮重新进行军事部署。他偕和硕英郡王阿济格、多罗郡王多铎率劲旅 8 万，分别从南水门、北水门、关中门进入关内，令吴三桂部以系白布为号任前锋。大顺军因攻坚一昼夜未能夺关，又见吴三桂投向清军，并引清军入关，于是决定改攻城为野战，从角山到渤海投入全部兵力，摆开一字长蛇阵，呈决战架势。多尔衮以吴三桂部为右翼迎战，重兵则鳞次列阵于渤海海滨大顺军阵尾薄弱处，待机出击，并告诫各部不得急进。大顺军不明清军意图，只能按原来的计划，向吴三桂所在的右翼猛攻。而此时的吴三桂因有清军压阵，不再有后顾之忧，个个尽全力顽强抵御。大顺军把吴三桂部团团围住，血战至中午，双方损失甚众。而在吴三桂与大顺军激战之时，多尔衮以逸待劳，从容布阵。此时见时机已到，急令阿济格、多铎各率 2 万精骑，直冲大顺军。狼狈不堪的大顺军见清军突从天降，猝不及防，伤亡惨重，刘宗敏中箭负伤。李自成见无法挽回颓势，于是急令余部且战且向永平方向撤退，在退至范家店时下令杀了吴三桂的父亲吴襄以泄心头之愤。之后，李自成率余部于 26 日退回北京，旋又弃京西撤。

山海关战役使李自成的大顺军遭受重创，由于对清军入关作战毫无准备，又缺少对清军骑兵作战的经验，大顺军的精锐在此战中损失惨重，他们被迫放弃北京西撤后，清军就占领了北京，大顺军从此未能东山再起，而清军则不费吹灰之力便取得了全国政权。

居庸关古战场

居庸关是长城的一个重要关口，也是万里长城上历史最悠久、最负盛名的雄关之一。居庸关是北京西北的天然屏障，明成祖朱棣曾赞叹说："路险而窄，北京之襟喉也。百人守之，万人莫窥。"而今，经千百年风雨沧桑的居庸关更向人展现出一种古朴雄浑的美，而在此之外，它的险和翠更为这种美增添了别样的韵味。

居庸关是风景美丽宜人的观光胜地，作为古战场，如今硝烟已然消散，但那些古战场的军事设施保留下来，与此地的自然风光融合在一起，更增添了居庸关的沧桑魅力。"居庸叠翠"是对居庸关胜景的盛赞。除冬季之

外，登上居庸关凭高远眺，草木丰茂，郁郁葱葱，一阵风过，如碧波翠浪翻卷而过，令人心旷神怡。居庸关北的“仙枕石”高3米，广50米，形似石枕，有人赞曰：“一觉黄粱人已仙，尚遗睡石傍风泉。”居庸关中心的“云台”可以说是保有元代艺术风格的石雕艺术精品，“云台”本是“过街塔”的基座，取“远望如在云端”之意。“云台”以汉白玉石为材料，上小下大，平面呈矩形，台顶四周有石栏杆、望柱、栏板、滴水龙头等建筑。台基中央有一个门洞，门道可供人、马、车辆通行。南北瓮城取“瓮中捉鳖”之意，南瓮城呈马蹄形，北瓮城呈长方形，两座瓮城当中都设有炮台。作战时可将敌人诱入瓮城，主城关闭阻其入城，再放瓮城闸门，敌人就被困在瓮城里，只能束手就擒，仿若瓮中捉鳖。明代是我国古代大炮制铸和使用最兴盛时期，居庸关陈列的古炮就能证明这一点。在居庸关的南北券城城墙上各自陈列着“大将军铁炮”和“竹节铁炮”，它们仿若威武的卫士，守卫着古代关口。“水门”是居庸关较为值得一看的景致。居庸关两侧高山，中间一条水道南北贯穿关城。在水道与长城的交叉之处，建有双孔圆拱水门，水门上有闸楼，内设水闸，借此控制门内外水量，洪水季节打开闸口泄洪，枯水季节储备河水供关城使用。水门桥墩设计呈南北尖状，这有利于减少洪水对水门的冲击力，起到了防止毁坏，延长使用时间的作用。除此之外，居庸关券门两侧石壁及顶部所刻佛像、经文，都是极有价值的历史文化遗产，而历代文人墨客、达官显贵写下大量描绘居庸关的诗词赋、碑刻和石刻也是值得赏玩的艺术珍品。

相传，在秦始皇修长城之时，将征来的民夫和士兵徙居于此，居庸关就是取了“徙居庸徒”的意思，因此才得了名。随时代变迁，人们对居庸关的称呼也多有变化，三国时称“西关”，唐朝时又先后称为“蓟门关”“军都关”等。

知识链接

居庸关古炮

在居庸关的南北券城城墙上各自陈列着“大将军铁炮”和“竹节铁炮”。南券城陈列“大将军铁炮”2门，长1.7米，炮口口径8厘米；“竹节铁炮”3门，长1.7米，炮口口径15厘米。北券城陈列“大将军铁炮”2门，长1.77米和1.79米，炮口口径7厘米；“竹节铁炮”3门，长1.08米、1.5米、1.7米，炮口口径为14厘米和8厘米。大将军铁炮为生铁铸造，威力较大。竹节炮因炮身多箍，形状像竹节而得名。

明代是我国古代大炮铸造和使用最兴盛的时期。明朝专门设有兵仗军器局，研制铸造大炮。在军队中，设有使用大炮的军机营。京城卫戍，长城关口要冲配备神机营。明成祖下令在长城沿线安置大炮。《明史·兵志》记载：明代中叶，大炮的铸造工业逐步精良，能铸“红衣大炮”长二丈有余，重三千斤。有照门和准星用于瞄准，射程可达数百米。

居庸关南俯京师，北据塞外，地理位置十分重要。居庸关两侧又有高山耸立，中间有一条纵深40多里的峡谷，俗称“关沟”，居于关沟正中的居庸关就成了往来塞外的咽喉要道，大有“一夫当关，万夫莫开”之势，素有“绝险”之称。这样险峻的地势在军事上自然就十分重要，因此居庸关历来是兵家必争之地。春秋战国时期，此地是燕国扼守的“居庸塞”；汉朝时居庸关已颇具规模，是“锁钥”重地；南北朝时与长城连在一起的居庸关是牢固的防御屏障；唐朝时虽因版图辽阔，居庸关并不是边境之地，但战略位置依然十分重要；到了辽、金时期，居庸关就成了都城的西北门户，使其战略地位一举跃居关隘之首；元朝时，由于居庸关既是大都的西北屏障，又是通往上都的要道，屯兵驻守，南北布防，地位好比蜀之剑门；明朝时居庸关是长城

居庸关长城城楼

重镇之一，极受朝廷重视，朱元璋更是拨巨款修筑居庸关城，建起水陆两道关门，在北山县修建护城墩、烽燧等多座防御体系，极大地增强了它的军事防御能力。之后又多次修缮，增建了南北月楼及城楼、敌楼等配套军事设施齐备，南北关城内外还有衙署、庙宇、儒学院等各种相关建筑设施。清朝时，对长城及其关隘只是保而不修，居庸关自然也是如此。

自秦始皇修长城建成居庸关以来，居庸关的上空就一直硝烟弥漫。到辽金时期，居庸关已不单单是中原政权与北方民族政权的分水岭，更是它们守卫自己的正统王朝统治，抵御同样来自北方的女真、蒙古等入侵的咽喉要塞。

辽初，在占领燕云十六州之前，入侵中原多经由居庸关，因为在拱卫北京的五关当中只有居庸关能通车马，交通便利，因此也便于行军，也就成了进攻北京的最佳路线。辽太祖神册二年（917 年），辽发兵攻打幽州，当时幽州节度使周德威以幽、并、镇、定、魏五州之兵与辽军在居庸关之西，新州（今河北省涿鹿县）之东大战，最终辽军取胜，向东进入居庸关。神册六年（921 年），辽太祖再次率大军南下，先后占领居庸关和北古口两个重要关隘，从此便如入无人之境，给中原人民生产和生活造成了更大的破坏和损失。

辽太宗会同元年，即938年，石敬瑭将燕云十六州割让给辽之后，居庸关成为辽的内地，但其重要的战略地位依然不减。辽圣宗统和四年，即986年，宋太宗为收复燕云十六州，向辽发起进攻，这就是“雍熙之役”。在这场战役中，宋西路军进展顺利，节节获胜，迫使辽圣宗不得不出兵西援，但即便是在这种情况下，辽圣宗依然未忘居庸关的重要战略地位，在派兵西援的同时，派耶律老君奴等巡檄居庸北，以防西线宋军的进攻。

辽末，女真族政权建立，国号大金。为反抗辽的压迫和掠夺，完颜阿骨打率金军不断向辽发起进攻，对辽的统治产生了极大的威胁，而宋也从中看到了收复燕云十六州的希望。宋徽宗于重和元年（1118年），宋派使臣与金谈判，希望合力攻打辽，并最终订立了“海上之盟”，宋希望收复居庸、古北、松亭、榆关之南原汉地，彼此不得过关。但由于双方对地理概念的认知不一致，只同意将古北口、居庸关等地交给宋，但松亭关却不能给宋，这为日后宋金开战埋下了伏笔。

在宋金合力攻打辽的过程中，宋军一直没有取得大的突破，两次攻燕之役均告失败。与宋军的懦弱无能相比，金军却进展迅速。金军先在古北口大败辽军，然后又向居庸关进发。在居庸关，金军并没费太大力气，面对不战自溃的辽军，很顺利地夺取了居庸关。这也使金太祖对宋朝甚为轻视，因为宋军即便对如此不堪一击的辽军也无能为力。金军占领燕京后，于天会元年（1123年）三月，依照“海上之盟”的规定，将燕京及附近六州交给宋朝，但却将人户、财产等席卷而去，宋只得到几座空城。宋金的“海上之盟”只是基于夹攻辽的短暂同盟，一旦辽亡，宋金直接交界，再加之金早已看出宋的软弱无能，因而战争也就不可避免。金太宗天会三年（1125年）十一月，金军分东西两路攻宋，很快就在白河大败宋郭药师部，与此同时，又派兵夺取了居庸关，而居庸关的失守自然导致了燕京的陷落。

大金王朝先后灭掉了辽和北宋两个强大的王朝，但是在它立国近百年后，却同样遭到了来自北方的游牧民族——蒙古的威胁。公元1211年二月，成吉思汗誓师伐金，与金兵在会河川大战，金军溃败，只能固守居庸关。但很快蒙古军队就攻破了居庸关，但因未能攻下中都，因此撤军。蒙古退军后，金右副元帅府经历官李英看到居庸关对中都的重要性，上书右副元帅术虎高琪，应在居庸关遣官节制。朝廷接受了李英的建议，任命李英为尚书工部外郎，

统管居庸关等关隘。

金至宁元年（1213 年）七月，成吉思汗再次向中都发起进攻，击败金完颜纲、术虎高琪，攻下居庸关，之后围攻中都，却久攻不下。第二年三月，金派使者向成吉思汗求和，使居庸关成为任由蒙古军出入的通道。后来，金宣宗迁都汴京，得到这一消息后，成吉思汗再次发兵围攻中都，并一举攻陷中都。从此，居庸关又一次更换了主人。其后，它又多次经历了战争的洗礼。

平乡古战场

说起平乡，可能很多人并不熟悉，但“破釜沉舟”这个成语大家一定知道，其实，平乡就是项羽的“破釜沉舟”之地。

平乡是河北省邢台市下属县，地处京九、京广铁路之间，华北平原南部，北依巨鹿县，西与南和县、任县搭界，西南与鸡泽县接壤，南邻曲周县，东南靠邱县，东隔老漳河与广宗县相望。

平乡县历史悠久，据县志记载，公元前 21 世纪，即五帝时，就有部落在此地繁衍生息，帝颛顼建立九州之时，平乡县就属冀州管辖。秦灭六国之后，把天下分为三十六郡，三十六郡之一的巨鹿郡的遗址就在平乡县平乡镇。唐朝建立之初，设立封州，治领平乡县。后来废州复县，平乡仍属邢州。到了宋朝，建隆元年（960 年）大水冲毁了平乡旧城，后遂迁县城于今平乡镇。明代（1368 年）设北平布政司，平乡县属之。1377 年，广宗县并入平乡、巨鹿二县。清代平乡县属直隶顺德府。1913 年平乡县属直隶省冀南道。1949 年中华人民共和国成立后，平乡县仍属邢台专区。1993 年 7 月，邢台地区与邢台市合并称邢台市，平乡县属邢台市管辖。

平乡县位于古黄河冲积平原，土层深厚，地势平坦，地理位置十分重要，很早以前就被视为“一方要冲”。秦朝时，项羽引兵渡河大败秦军的“巨鹿大战”就发生在这里。

秦王朝统一天下对中国历史的发展是有极大推动作用的，但秦王朝建立后对人民实施残酷的剥削和压迫，却最终导致了社会矛盾的全面激化。秦二世元年（公元前 209 年），陈胜、吴广农民起义爆发，从此天下大乱，诸侯割据，军阀混战。但秦王朝的统治者并不甘心退出历史舞台，于是他们调动军队，四处镇压农民起义。其中，以少府章邯统率的部队最为强悍凶狠，不但镇压了陈胜、吴广的起义军，还在与项梁的楚地起义军的对阵中获得胜利，并杀死了项梁，使楚军遭受重大挫折。

在对楚作战取得胜利后，章邯就不再把楚军放在眼里，转而移师邯郸，攻击以赵歇为王的河北起义军。当时秦军十分强大，章邯所率秦军有 20 万人，他移师邯郸的同时，又紧急调遣上郡的王离率 20 万秦军南下巨鹿。面对如此强大的秦军，赵歇无法抵敌，被围困在巨鹿，情势十分危急，于是派遣使者向楚怀王求救。

楚怀王接到赵歇求救的消息后，立刻与起义军首领商量对策，最终决定分兵两路救赵。一路由刘邦率领向西直指关中；另一路以宋义为上将军，项羽为次将，范增为末将，率楚军主力北上救赵。但宋义却畏政如虎，他率援军行至安阳（今山东曹阳东南），徘徊不敢前进，在安阳逗留了 46 天之久。项羽当面痛斥宋义并杀死了他。楚怀王得知这一情况，不但没有责备项羽，反而封项羽为上将军，并令英布和蒲将军两支楚军也归其指挥。

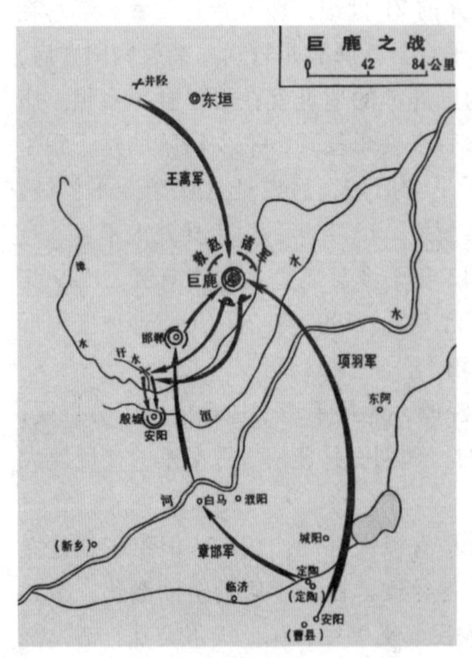

巨鹿之战示意图

公元前 207 年 12 月，项羽率楚军到达巨鹿县南的漳水，准备与秦军对阵。因为秦军人数众多，所以项羽先派遣部将英布、蒲将军率领两万人为先锋，渡过黄河，切断章邯派兵修建的运粮通道。然后，项羽亲自率领其主力部队渡河。在渡河之前，项羽命令全军将士破釜沉舟，每人只携带三天的干粮，以示决一死战之决心。项羽破釜沉舟的决心和勇气，极大地鼓舞了将士们的士气，楚军个个奋勇争先，以一当十，拼命死战。他们以迅雷不及掩耳之势包围了王离的军队，经过九次激烈战斗，活捉了王离，杀死了秦将苏角，其他的秦军将士有被杀的，也有逃走的，围巨鹿的秦军就

这样瓦解了。

当时，除了楚怀王派出军队前来救赵之外，前来救赵的还有十几路人马，但他们因惧怕秦军的强悍，都扎下营寨，止步不前，直到听见楚军震天动地的喊杀声，他们才挤在壁垒上观望。楚军在秦营横冲直撞，奋力拼杀的士气让他们震惊，项羽的威猛勇武更让他们敬佩。当楚军取得胜利，请他们到军营相见时，他们都跪在地上爬着进去，连头也不敢抬起来。他们佩服项羽的神威，并真心诚意地归入项羽麾下，自此，项羽实际上成了各路反秦军的首领。成功解了巨鹿之围后，项羽并未撤军，而是驻扎在漳水之南，与退至棘原（巨鹿南）的章邯军继续对峙。此时，由于章邯不断失败，已失去了朝廷的信任，利用这个时机，项羽派蒲将军攻打秦军。之后，项羽又亲自率领大军在汉水大败秦军。此时章邯向朝廷告急，请求支援，但朝廷并不理会。在进退无路的情况下，不得不于公元前 207 年 7 月在洹水南殷墟（今河南安阳）率其部众 20 万投降项羽。

可以说，巨鹿之战确立了项羽的军事地位，他以 6 万楚军破 20 万秦军，辉煌的战果令无数后世人敬仰。同时，巨鹿之战是秦末农民战争所取得的一场巨大胜利，它基本上摧毁了秦军的主力，扭转了整个战局，奠定了反秦斗争胜利的基础，经此一战，秦朝已名存实亡。

井陉关古战场

说起井陉关，人们对其地理位置的认识不是十分一致，大致有广义和狭义的区分。广义的井陉关，是就地域而言，即井陉县全境，它包括西故关、娘子关和东土门关。狭义的井陉关说法有所不同，一说指故关，另一说指土门关，还有说故关和土门关统称为井陉关，不过是一关分为二而已。在此，我们所说井陉关是指广义的井陉关，位于今河北省井陉县北井陉山上，西有故关，乃井陉西出之口，东有土门关，乃井陉东出之口。

实际上，“井陉”是太行山内的一条隘道。太行山素有“天下之脊”“东西之巨防”之称，南北方向蜿蜒卧于晋冀边界，自古就有阻隔东西方之间的交通作用。因为太行山为褶皱断块山，东麓有大断层切过，山势特别险峻，难以攀登，是晋冀之间交通的大阻碍，幸好太行山内部也有许多断裂带，为

今日井陉关

太行山的东西交通提供了天然孔道。据古书记载，在太行山中只有八处相通微径，成为太行八陉，它们是：（1）轵关陉。（2）太行陉。（3）白陉。（4）滏口陉。（5）井陉。（6）飞狐陉。（7）蒲阴陉。（8）军都陉。“井陉”，即太行第五陉。由“井陉”东出，可以到达河北重镇真定州（今河北正定），进入华北平原；西出，经由山西高原，可以到达晋中政治中心太原，并可从太原转入关中地区。可以说，井陉把太行山东西两方连接起来，大大方便了北方的交通。

知识链接

太行山

太行山，又名五行山、王母山、女娲山，是中国东部地区的重要山脉和地理分界线。太行山绵延千里，像一条青色的巨龙，盘踞在河南、山西、

河北三省辽阔的大地上。因太行山山脉绵长，地貌多变，因此产生了许多著名的景点。

位于林州市西部的一段被称为南太行林虑山。闻名于世的“人工天河”——红旗渠，就构筑在磊山的悬崖峭壁中。红旗渠是20世纪60年代，河南林县人民在极其艰难的条件下，从太行山腰修建的引漳入林工程。是全国重点文物保护单位，被世人称之为“人工天河”。

位于太行山脉西侧河北省井陉县西口、山西省平定县东北的绵山山麓关是中国万里长城上的著名关隘。娘子关原名“苇泽关”，因唐平阳公主曾率兵驻守于此，平阳公主的部队当时人称“娘子军”故得今名。

位于山西省壶关县东南部、河南省西北部林州境内的太行山大峡谷是著名的国家森林公园。大峡谷千峰竞秀，万壑争奇。独特的地形、地貌，珍稀动植物资源造就了太行山大峡谷最为奇异的自然风光。

太行山绝壁多，开不成环绕而上的盘山公路，聪明的太行山人便将公路修成隧洞，这种堪称世界上最奇险的公路如挂壁上，因而得名“挂壁公路”。挂壁公路最出名的应是位于河南辉县沙窑乡郭亮村的“郭亮洞”。因郭亮村居于悬崖顶端，村民为了进出，在绝壁石缝凿出的一溜石窝，俗称“天梯”。20世纪70年代，村民历经5年，将“天梯”修成一条高5米、宽4米、长1300米的石洞公路。

“井陉”两边都是石壁，陡峭狭窄，如果是骑马而行，只能单人独骑通过，两人并骑都不行，而且地形险要，通行困难。但在战争之时，太行山东西两边的军队多取道于此。而且，这里是古代的政治中心，关中地区通向河北的驿道所经，这条驿道在真定州与太行山东麓南北大驿道相接，北通蓟燕及辽东。这更增强了“井陉”的重要地位。

地理位置的重要就决定了这里的战火硝烟也必定多于别处。史书记载，自秦汉至明清发生在井陉关的战争达17次之多。战国时期，秦赵之战的一个

苍岩山美景

重要战场就是井陉。当时，“井陉”是赵国的属地，也是秦国攻打赵国的必经之地。秦十五年（公元前232年），秦军分数路伐赵，其中一路人马从太原出发，攻取了井陉，得以进入番吾（今河北灵寿西南），但是由于当时赵国还是七雄国中较强的一个，所以秦军遇到赵将李牧的部队后，不能抵敌，战败而归。此后数年，秦军未敢再攻赵国。后因赵国国内有灾难，秦国才再次出兵，夺取井陉后，长驱直进赵国都城邯郸城下，并用离间计，使赵削去李牧的兵权，从而攻破邯郸，灭了赵国。

秦末楚汉战争之际，汉将韩信“背水一战”，击败赵军，为刘邦从背后牵制项羽的军队，并最终消灭项羽起到了重大作用。唐天宝末年，安禄山造反时就派兵驻守土门和井陉口，以防唐军西来。而唐军屡败叛军，也是在突破井陉口西出之后。北宋末年，宋金大战，金将斡离不在井陉与宋军激战，取得胜利，之后得以攻陷真定城，长驱南下，后攻取宋京开封。

如今战争的烟云已留在了历史的天空，而井陉秀丽旖旎的风光却依旧为世人所见。井陉关四面环山，太平河自关前流过，终年不息。关内丘缓道宽，直达华北大平原，关上险峰叠翠，环境优美。井陉关原有四座关楼，分别坐落在因关而生的东、西土门村村口处，现此四座关楼，仅余三座，分别为东土门西阁、西土门东阁、西土门西阁。关楼都是用条石砌基、拱券门洞，门洞上有砖砌楼阁。因为此地一直是咽喉要道，且景致优美，因此东土门西阁的西券门上有清雍正皇帝所题的“三省通衢”的石刻门额，西土门东阁券门上刻有清乾隆皇帝题的“山辉川媚”四字。阁楼下有近300米的石砌古驿道，

此驿道修建于秦汉时期，岁月的流逝和车马的踏磨使驿道更加崎岖不平，但块块巨岩却于残破中愈见光滑，仿佛在无声地向游人诉说着关门所经历的悲壮与辉煌。

苍岩山是井陉县东著名的山峰，石灰岩构成的峰峦层叠起伏，峭壁林立，林莽苍郁。自山脚沿山涧入山，古树盘根错节，千姿百态，宛如座座盆景。而古木掩映的山麓间若隐若现的殿阁楼台，自然透出宁静、古朴、庄严的韵味。苍岩山上有一座福庆寺，相传是隋炀帝长女南阳公主出家为尼之处。寺门上悬着一副金字对联“宝殿无灯凭月照，山门不锁待云封”，深具禅味。寺门前峭立的石壁上飞架一座三孔石桥，从下仰望天空，仅露一线，被叹为奇景。

现在石家庄至太原的石太铁路和冀晋公路干线都经过“井陉”或其附近，这里仍是联结太行山东西两方，河北和山西高原中部的交通要冲之地。

前面我们曾提到发生在公元前 204 年的井陉之战，这场战役是楚汉战争一次出奇制胜的进攻作战，由汉大将韩信指挥，作战地点就在井陉口一带。在这次战役中，韩信以不到 3 万的兵力，背水列阵，奇袭赵营，一举歼灭号称 20 万的赵军，阵斩赵军主将陈余，活捉赵王歇，消灭了由项羽分封的赵国，为刘邦战胜项羽、统一全国创造了有利的局势。

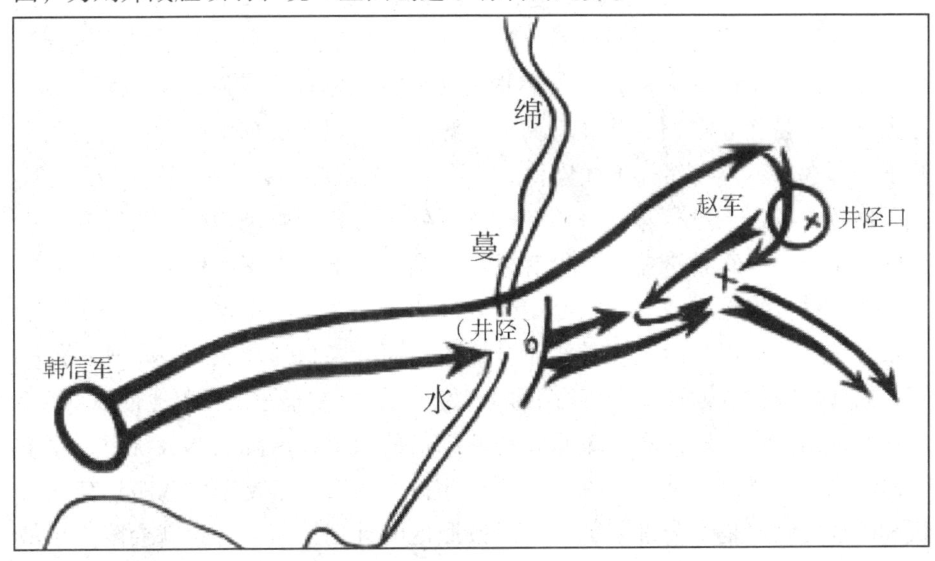

井陉之战示意图

说起井陉之战，我们首先要了解当时楚汉双方的战局。公元前 205 年，项羽在彭城战败刘邦，因此许多诸侯纷纷背离汉刘邦，归附了楚项羽。在这种情况下，刘邦的处境变得十分艰难，于是，刘邦采纳了张良等人的建议，以改变不利局面。当时，刘邦一方制定了正面坚守、侧翼发展、敌后袭扰的战略方针，而大将韩信主要负责开辟北方战场，目的是逐次歼灭黄河以北的割据势力，向楚军侧背发展，这也是整个战略计划的重要环节之一。

当时在北方有四股割据势力，分别是魏、代、赵、燕，这四股割据势力都投靠了项羽，成为项羽的羽翼，要想灭楚，就必须先把这些诸侯国铲除，孤立项羽。韩信在开辟北方战场的过程中，发现这些割据势力只图据地自保、互不救援的弱点，于是向刘邦提出逐次消灭代、赵、燕，东击田齐，南绝楚军粮道，对楚军实施侧翼迂回，最后同刘邦会师荥阳的作战计划，得到了刘邦的赞许和批准。

公元前 205 年，韩信首先率军击灭了魏王豹，平定了魏地。同年闰九月，韩信又率军平定代地，活捉代国的相国夏说。这时，刘邦突然下令将韩信的精兵调往荥阳一带去正面抗击项羽的进攻，这样，韩信所剩兵力无几，不得不重新招募士兵。即便是在这种情况下，公元前 204 年十月，韩信还是统率 3 万名新兵，越过太行山，向东挺进，对赵国发起了攻击。

赵国得到韩信进兵的消息后，赵王歇、赵军主帅陈余率大军集结于井陉口防守，当时号称军队有 20 万。这时赵王和陈余都信心满满，20 万大军对 3 万人马，自是胜券在握。井陉口又易守难攻，不利于大部队行动，他们居高临下，以逸待劳，自然处于优势和主动地位。反观韩信，麾下只有数万之众，且系新募之卒，千里行军，身体却疲乏，处于劣势和被动地位。当时赵军主帅陈余手下的广武君李左车，很有战略头脑。他指出汉军的优势在于刚刚打了两场胜仗，乘胜进攻赵国，必定士气旺盛。同时，汉军也有弱点，汉军的军粮必须从千里以外运送，补给十分困难，而井陉口道路狭窄，车马不能并行，因此汉军粮草输送一定滞后不济。鉴于此，李左车建议：由他带领奇兵 3 万从小道出击，夺取汉军的辎重，切断韩信的粮道；由陈余本人统率赵军主力深沟高垒，坚壁不战，与韩信军周旋相持。其实，李左车对战略形势的分析和战法的制定是十分准确的，如果按照他的计划执行，韩信就会陷入求战不得，又无退路的境地，不出十天，就可能会被彻底消灭。可惜的是，陈余

迂腐教条又刚愎自用，坚持“义兵不用诈谋奇计”，坚决不肯避而不击，不肯采纳李左车的作战方案。

得知这一消息，韩信又生出新的计策。既然赵军主帅陈余严重轻敌，又希望速战速决，那就干脆出奇招而制胜。韩信指挥部队开进到距井陉口 30 里的地方扎下营寨。半夜时分，迅速实施作战部署：一面挑选 2000 名轻骑，让他们每人手持一面汉军的红色战旗，由偏僻小路迂回到赵军大营侧翼的抱犊寨山（今河北井陉县北）潜伏下来，准备乘隙袭占赵军大营，断敌归路；另一面又派出 1 万人为前锋，乘着夜色，越过井陉口，到绵蔓水（今河北井陉县境内）东岸背靠河水布列阵势，以迷惑调动赵军，增长其轻敌情绪。部署已定，东方露白，决战的一天悄然来临了。

赵军完全没有察觉到潜伏的汉军，只望见汉军背水而列阵，这不就自绝后路了吗？赵军首领觉得韩信置兵于“死地”，根本就不懂得用兵的常识，因而对汉军更加轻视。当然，纯从战术的角度来看，韩信这种布阵方式是完全不合兵法规定的，布阵要“右倍山陵，前左水泽”，韩信这种反其道而行的方式，自然不好理解。但没想到，就是这种布阵方式，使赵军一败涂地。

天亮之后，韩信亲自率领汉军，打着大将的旗帜，携带大将的仪仗鼓号，向井陉口东边的赵军进逼过去。赵军见状，不疑有他，踌躇满志地离营迎战。两军戈矛相交，拼命厮杀，不一会儿，汉军就显出败迹，军士且战且退，胡乱扔掉旗鼓仪仗。赵军见状哪有不乘胜追击之理，于是紧追不放。哪知，这却中了汉军的计了。汉军假装败阵，却是在不断地向绵蔓水方向后撤，好与事先在那里背水列阵的部队迅速会合。同时，正因为赵军的紧追不放，使得汉军士兵感到前有强敌，后有水阻，无路可退，所以更是奋力杀敌，人人死战，个个拼命。这使得赵军虽然攻势猛烈，却一时无法前进，受到了阻滞。

就在汉赵双方战况胶着之时，埋伏在赵军营垒翼侧的汉军 2000 轻骑则乘着赵军大营空虚无备，突然出击，袭占赵营。他们迅速拔下赵军旗帜，插上汉军战旗，使得赵营上空一时间红旗招展，无比威风。赵军久攻背水阵不下，陈余不得已只好下令收兵。这时赵军才猛然发现自己大营上插满了汉军红色战旗，老巢已经易手。这样一来，赵军上下顿时惊恐大乱，纷纷逃散。占据

赵军大营的汉军轻骑见赵军溃乱，立刻乘机出击，从侧后切断了赵军的归路；而韩信则指挥汉军主力全线发起反击。赵军无奈，只好仓皇逃向泜水（今河北获鹿南，现在已被湮塞）。但汉军哪肯轻易放过他们，紧随而至的汉军很快就将赵军全部歼灭，斩杀了陈余，俘虏了赵王歇和李左军。就这样，韩信背水一战，虽不合兵法，却大获全胜，以极少的兵力战胜了强敌。

井陉之战的胜利，对楚汉战争的整个进程具有重大的意义。此时，汉军消灭了北方战场上最强劲的对手，在战略全局上渐获优势，为下一步“不战而屈人之兵”、兵不血刃平定燕地创造了条件，并为东进击齐铺平了道路。同时，此战的胜利，也达到了最初孤立项羽的战略意图，使项羽陷入不利的战略态势。井陉之战还充分显示了楚汉双方在作战指挥上的得失高下。韩信取胜的关键在于他能够充分发挥主观能动性，有计划地制造和利用赵军的错误，巧妙地掌握士卒的作战心理，灵活用兵，背水列阵，从而取得奇效，全歼赵军，在战争史上写下了辉煌的一页。而赵军却败在主帅的迂腐和傲慢上，这种迂腐和傲慢使他无视身旁谋士正确的作战方案，一厢情愿地妄断敌军的作战意图，从而丧失了优势和主动地位，遭受灭顶之灾。这场战役留给后人的启示很多，而韩信也成为后世“战必胜，攻必克”的风云表率。

第三节 三晋之争——山西地区古战场

大同古战场

大同在古代又有平城、云州、云中、凤凰城等名称，是我国著名的古战

场之一。大同之所以成为古代兵家的征战之地，是因为它位于山西雁北盆地西北部，西边与黄河搭界，北边控制着长城大漠，东部与桑干河相连，是山西全境的重要屏障，同时又能间接地掩护中原地区，一向是中原政权与北方游牧民族交锋的前沿阵地，备受朝廷重视。秦灭六国以后，大将蒙恬奉命率领30万大军北击匈奴，抗击匈奴的军事要塞就修建在大同城西10里的河谷地区。西汉时，朝廷在这里设立平城县和东部都尉治，治所在今大同城东约3公里的地方。一直到东汉末年匈奴再度入侵，平城才不幸在战火中被毁灭。而后曹操讨伐匈奴、乌桓之乱，重设平城。自此，大同始终是北方的军事、政治、经济以至民族融合的中心，北魏、辽、金等少数民族王朝还曾把这里作为都城或陪都。据史料记载，在大同发生的大小战事共有上千次，在这上千次的战争中，曾有8位皇帝经此御驾亲征，18位皇帝来此巡视边防。

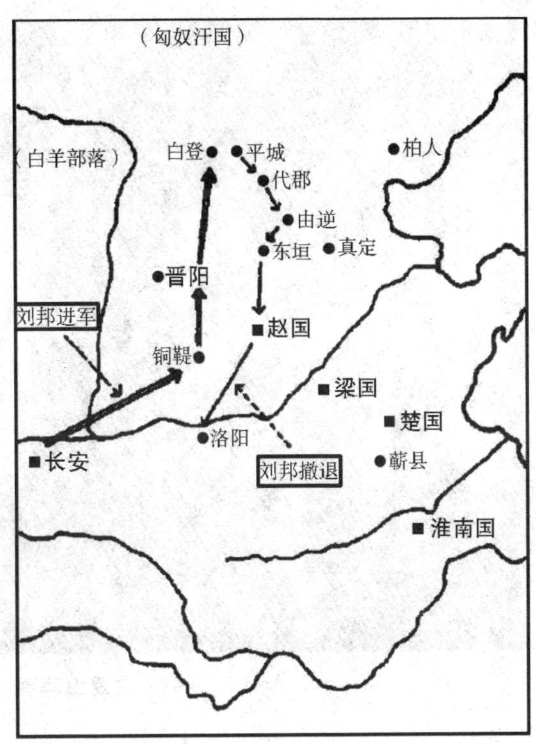

白登之围形势图

说到大同古战场，我们就不得不谈谈“白登山”。可以说，在大同发生的上千次战役中，“白登之围”可以说是规模最宏大、影响最深远的一场战役，而这次战役的遗址就在大同县境内周士庄镇三府坟、三条涧村西北的马铺山上。马铺山古称白登山，距大同5公里，是一座孤立的黄土丘陵。马铺山方圆约10公里，山高300余米，山顶原来建有白登台。1993年，大同市人民政府在马铺山新建了一座“汉阙”式碑亭，正面书有“汉白登之战遗址”七个大字，背面碑文则是用正史原文编辑而成。碑亭四周遍植松树，苍翠挺拔，俨然如守卫碑亭的卫士，指引人们从这里走进纷扰厮杀的

白登山碑亭

古战场。

白登之围发生于汉高祖时期。西汉建立之初，匈奴已逐步统一整个北方大草原，并逐渐南下侵蚀长城以北土地，匈奴冒顿单于于公元前 201 年决定侵袭西汉。因为当时西汉王朝内部刚刚稳定，国力比较衰弱，是进攻的大好时机。于是，冒顿率领匈奴军越过长城，直逼马邑（今山西朔州）。被汉高祖刘邦分封在这里的韩王始终担心刘邦“削藩伐异姓王”，感觉无力抵抗匈奴，接到刘邦恩威兼施的亲笔信后，害怕被惩处，遂向匈奴献城投降，并提供了北方汉地的军事、地理情报。匈奴军如虎添翼，很快越过雁门关，攻占太原郡，夺取今日山西大部分地区。

知识链接

刘邦削平异姓诸侯王的战争

异姓诸侯王是刘邦于楚汉战争期间分封的，分封的目的是争取抗楚力量。当时分封的诸侯王共有7个，分别是楚王韩信、淮南王英布、梁王彭越、韩王信、赵王张敖、燕王臧荼、衡山王（后改为长沙王）吴芮。西汉建立后，这些异姓诸侯王占据的广大区域和庞大的军事力量让刘邦没有安全感。为了除去异姓诸侯王对西汉政权构成的威胁，刘邦在当上皇帝不久就着手准备削去异姓诸侯王。

在异姓诸侯王中，刘邦最惧怕的就是韩信。一方面，韩信曾在楚汉战争中为其立下极大功劳；另一方面，韩信当时拥有的军事力量甚至比朝廷还多。于是，在垓下之战胜利后，刘邦立即夺去韩信对全军的统帅权，不久改封他为楚王。汉高祖六年（公元前201年），刘邦用陈平计，假往云梦泽（今洞庭湖一带）游猎，乘韩信在途中拜见之机，将其逮捕，贬为淮阴侯。汉高祖十一年（公元前198年），韩信密谋反叛之事泄露，留守长安的吕后与丞相萧何设计，捕杀韩信，夷其三族。同年夏，刘邦因彭越称病不执行自己的命令而指责彭越，后获知彭越部将扈辄策动彭越谋反，故将彭越逮捕，废为庶人，发配蜀地，后听从吕后的劝告，杀彭越，夷其宗族。这样7个异姓王中最有实力的3个王中的2个，都被刘邦除灭了。此后，刘邦通过数年战争，终于削平了异姓诸侯王。

汉高祖刘邦得到这个消息后，觉得形势十分严峻，决定亲率30万大军前往讨伐韩王，抗击匈奴。汉军进入山西后，连连获胜，基本消灭了韩王叛军，很快与匈奴军接触。冒顿单于未敢直接与汉军交兵，为试探汉军虚实，他命令地位仅次于己的左贤王和右贤王各率骑兵万余，在广武以南、晋阳以北之间游击劫掠，挑衅汉军。而刘邦指挥的汉军占有武器优势，而且兵种配合效

能极佳，他的骑兵、步兵、战车部队和弓箭手互相配合，有极强的战斗力。面对两支挑衅的匈奴军队，汉军发挥优势削弱匈奴的机动力优势，很快就在晋阳附近击败两支匈奴军，并收复了晋阳、离石（今山西吕梁地区）等数座城池，还乘胜占领了本不属于西汉管辖的楼烦地区（今山西岢岚、宁武一带）。此时，汉军攻势凌厉，形势一片大好；而匈奴军已经掠夺了相当丰富的越冬物资，很多贵族便萌生了退军之意，不想与实力雄厚的汉军对阵。但冒顿单于反对撤军，在力排众议的情况下，企图用计给汉军以重创。

与匈奴军队的情况不一样，进军顺利的刘邦面对有利的形势，产生了大意轻敌的情绪，认为匈奴兵也不过尔尔。而多批汉军侦察又来报告，说匈奴军开始军心不稳，几个大贵族准备撤兵，前锋都是老弱病残。这更让刘邦觉得自己并非轻敌，敌军确是不堪一击。这时，出使匈奴进行交涉的刘敬也回来了，他也看到了匈奴兵的一些情况，但他并不认为战争形势真的那么乐观，于是向刘邦进行劝谏。但刘邦并没听进去，反而以畏敌、通敌之罪将刘敬收押军中。刘邦为了显示自己决策正确，又下令步兵和战车部队缓缓跟进，自己率领少数精锐骑兵，直奔平城。匈奴军摆出继续后撤的架势，这让刘邦更坚定地认为自己的决策正确，胜利在望。于是，刘邦不顾劝阻，孤军深入追击，结果在白登山中伏被围。

当时匈奴兵从东西南北四面出动，大约有 10 万兵力，放眼望去，密密层层，而且匈奴军队的战马的毛色都是相同的，就好像巨大的云朵，将白登山围困得水泄不通。陷入重围后，刘邦反而恢复了开国之君的本色，虚心听取属下的意见，亲自到阵前激励将士，鼓舞士气。同时，他指挥部队就地取材，制作滚木礌石，并利用居高临下的地势，一次又一次地击退匈奴军队的猛烈进攻。为了突围，刘邦还挑选精锐将士，亲自率领，突袭匈奴

雁门关

包围圈偶尔出现的空隙，可惜没能成功。

七日七夜的僵持对阵，使得汉军和匈奴军都损失惨重，当然，汉军面临的形势更加严峻：当时已是隆冬，时常降雪，汉军抗寒能力不强，也没有充分的物资准备，有两三成的士兵被冻掉手指，而且渐渐断水断粮。汉军士兵的体力消耗极大，很多士兵虚弱不堪，难以坚持战斗。受轻伤的刘邦也日渐虚弱，全军陷入危急境地。但汉军的运气还是很好，在一个大雾弥漫的夜里，汉军竟奇迹般地冲出了匈奴军的包围圈。关于汉军的突围，一直有众多猜测，觉得汉军能够脱险，肯定另有内情。但不管是否有内情，匈奴军队掠夺过冬物资的目的已经达到，本就不打算长期征战，速战速决是他们最初的计划。如今，速战速决不成，汉军也没有那么容易被消灭，而且汉军的后援部队很快就会到达，投靠匈奴的汉王也没有按约定派军协助围攻，反而又私下跟汉军联系，这让冒顿单于觉得应该见好就收，所以放松了对白登山的包围，给了刘邦冲出包围的机会。

刘邦虽然成功地从白登山突围，但这次战役对他来讲无疑是奇耻大辱，也让他放弃了正面与匈奴冲突的想法，决定采纳刘敬的缓兵之计，通过议和，承认匈奴对河套等地的控制，并将宗室女嫁到匈奴和亲，还赠送了大批财物以求平安。同时，经过白登之围，也让刘邦的浮躁之心得以沉淀，抓住与匈奴关系缓和的机会，励精图治，到了武帝时期，国力达到鼎盛，为以后的军事行动奠定了经济基础。

雁门关古战场

雁门关位于山西省忻州市代县县城以北约 20 公里处的雁门山中，又名西陉关，是长城上的重要关隘，与宁武关、偏关合称为“外三关”。雁门山古称句注山，群峰挺立，地势险要，位于雁门山脊的雁门关更有“一夫当关，万夫莫开”之势。相传每年春来，南雁北飞，口衔芦叶，飞到雁门盘旋半晌，直到叶落方可过关。故有“雁门山者，雁飞出其间”的说法（《山海经》）。

由雁门关向东，经平型关、紫荆关、倒马关，能直抵幽燕，连接瀚海；由雁门关向西，经轩岗口、宁武关、偏头关，能到达黄河边。雁门关有东、西二门，都用巨砖叠砌而成，雄伟轩昂。门额上分别雕嵌着“天险”“地利”

两匾。雁门关东西两座城门上都建有城楼，巍然凌空，内塑杨家将群像，东城门外，还曾有李牧祠，西门外右侧建有关帝庙。关城正北置有驻军营房，东南设有练兵教场。整个关城建筑，虎踞龙盘，雄伟壮观。明清以后，关城虽屡有重建，但随着我多民族统一国家疆域的逐步形成，内长城作为“内边”的作用已经失去，所属的雁门雄关也随之荒废。日寇侵华期间，雁门关城楼与城门外的李牧祠，都毁在日寇侵华的战火中。就连傅山先生所书的“三关冲要无双地，九塞尊崇第一关”的对联也化成了灰烬。

雁门关从战国时期的赵武灵王起，就一直是战略要地。赵置雁门郡，此后多以雁门为郡、道、县建制戍守。雁门关之称，始自唐初。因北方突厥崛起，屡有内犯，唐驻军于雁门山，于制高点铁裹门设关城，戍卒防守。元朝设千户所，关城被毁。明代吉安侯陆享于洪武七年（1374 年）自监民工筑新关于旧关东北 10 里处的要道。南距代城县 40 余里，北邻广武古城 21 里，地

靖边寺

势更为险要。

自雁门关建成起，就时有战火燃起。战国时期，赵武灵王建立了云中、雁门、代郡，并命李牧驻守雁门关，防备匈奴。李牧到任以后，为免除匈奴对赵国边民的袭扰，他坚持慎重防守的方针，凭长城之险，加强战备。他在雁门数年，使得赵军兵强马壮，而匈奴始终一无所得。后来，李牧曾选用精兵良马，巧设奇阵，诱敌深入，大破匈奴十余万大军，使匈奴此后十多年，不敢再侵犯赵国边境。后人称李牧为“奇才”，并在雁门关建“靖边寺”，纪念他戍边保民的战功。

秦始皇统一六国后，曾派遣大将蒙恬率兵30万从雁门关出塞，北击胡虏，收回今河套地区的土地，把匈奴赶到阴山以北，还修筑了万里长城，作为防御工事。据说，蒙恬死后就葬在代县境内，但据史学家考证，蒙恬墓应在陕西境内，蒙恬葬于代县的说法只是个传说。

到了汉代，雁门关一带更是风起云涌。汉高祖刘邦时期，匈奴曾南逾句注，直驱晋阳（太原）。为此，公元前201年，刘邦亲率30多万大军，抵达平城（山西大同），抗击匈奴。汉武帝即位后，面对匈奴不断猖狂的南犯，着手反击。汉朝名将卫青、霍去病、李广等都曾驰骋在雁门古塞内外，多次大败匈奴，立下汗马功劳。“猿臂将军”李广在做代郡、雁门、云中太守时，先后与匈奴交战数十次，被匈奴称为“飞将军”。汉元帝时，有胆有识的王昭君就是从雁门关出塞和亲的。正是有了这次和亲，雁门关一带才出现了难能可贵的安定局面。

但安定和平永远是暂时的，到了唐代，雁门古塞“胡”汉相争，群雄逐鹿，战事连绵。唐初，薛仁贵为代州都督，镇守雁门，虽年事已高，但威名不减，突厥人见其面而惊惶失色，退兵而走。唐末五代，契丹（辽国）崛起于北方，危及内地。后晋石敬瑭向辽国自称“儿皇帝”，割燕云十六州与契丹。从此，在山西北部，雁门山就成为了后晋和契丹的分界线，雁门关也成了中原王朝和少数民族地方政权相对峙的前沿阵地。

燕云十六州

燕云十六州，又称“幽云十六州”“幽蓟十六州”，是指后晋天福三年（938 年）石敬瑭割让给契丹的位于今天北京、天津以及山西、河北北部的十六个州。这十六个州分别是：幽州（今北京）、顺州（今北京顺义）、儒州（今北京延庆）、檀州（今北京密云）、蓟州（今天津蓟县）、涿州（今河北涿州）、瀛州（今河北河间）、莫州（今河北任丘北）、新州（今河北涿鹿）、妫州（今河北怀来）、武州（今河北宣化）、蔚州（今河北蔚县）、应州（今山西应县）、寰州（今山西朔州东）、朔州（今山西朔州）、云州（今山西大同）。其中幽、蓟、瀛、莫、涿、檀、顺七州位于太行山北支的东南方，其余九州在山的西北。

北宋时雁门关一带是宋辽（契丹人）激烈争夺的战场。980 年，辽西京大同府节度使、驸马、侍中萧咄李率十万大军，气势汹汹地向雁门关进发，这是辽国向北宋发动的第二次大举南侵。当时把守雁门关的宋朝大将是杨业，杨业即世传“杨家将”中杨继业的原型，其骁勇善战，外号“杨无敌”。此时，杨业麾下仅有守军数千人，面临大敌来攻，他急遣信使请求节制西北边疆军事、正驻守太原的潘美发兵援助，而潘美却拒不发兵。他认为，雁门关虽是战略要地，但只能暂时阻挡辽兵的攻势，并不能用来坚守以长期拒敌。因此，潘美只是积极准备固守太原，没有发兵援助杨业固守雁门关的打算。

辽兵已至雁门关，但杨业只有数千兵马守关，又得不到救援，于是杨业决定用奇兵奇袭辽军统帅指挥部，以险中求胜。计议已定，杨业留副将守雁门关，自己则率几千人马抄小路至雁门关北口，从背后袭击契丹军。辽军正在准备进攻雁门关，没料到宋军会在背后猛插一刀，又不知宋军到

底有多少人马，顿时大乱，纷纷逃窜。混战中，杨业判断辽军统帅必在中军旌旗簇拥之处，于是率军猛攻辽军中军，果然得以斩杀辽军统帅萧咄李。这下，辽军顿时如一盘散沙，溃逃而去。杨业挥军追至大同，擒获辽军都指挥使李重海而还。

北宋、辽、西夏的主要战场

雁门关大捷是宋辽战争中宋朝为数不多的胜仗之一。杨业在大敌临关的危急时刻。毅然实施背后袭击中军的战术，而不是被动地据关防守，从而变被动为主动，最终取得了胜利。

元明时期，雁门关旧关被废弃，又建起新关，雁门战火渐趋平息。到清朝末年，八国联军侵入北京，辱国求存的慈禧太后等狼狈出走，雁门关也留下了他们逃跑的脚印。

太原古战场

晋阳古城位于山西高原腹地，汾河岸边；东有太行山为天然屏障，阻隔华北大平原；西、南依托黄河，连接陇西、关中和广大的中原地区。自中原回望，晋阳古城居京师上游，太行之巅，襟山带水，地势险要，是进可攻退可守的兵家要地。正因为晋阳具有这样得天独厚的地理优势，因此在古代一直是山西的政治和经济中心。同时，政治、经济的发达也带动了交通的发展，晋阳古城也是北方各地和各民族的交通枢纽，是通往长安、洛阳的咽喉之地，中外商人常常把晋阳作为休整地，在此稍作停留后再进入中原。作为重要的政治、经济、交通中心，又有天然的地形优势，自然会使晋阳古城成为历代兵家必争之地。而在烽火狼烟中，晋阳古城又不时地左右着政权的分离、统

晋阳古城

合与朝代的更迭变换。

晋阳古城建于何时？至今还没有一个确切的答案，从各种资料中也很难得到结论。但从各种史书的记载中，我们依稀可以看到，早在夏代时就已建立了晋阳古城，虽然那时候的古城还算不上真正意义上功能完备的城市，但古城的规划已具备了相当的水平。那么，如果我们从夏代开始计算，晋阳古城的始建年代距今应该超过4000年了。晋阳古城一次大规模的重建治理发生在晋朝时。在晋朝之前，四方诸侯国并起，几十个被称为戎狄的少数民族部落也相继兴起，征战不断。在这近一千年的征战中，晋阳古城几度沉浮、日渐衰败。直到晋昭公、晋顷公时期，才在不断的征战中开疆扩土，并最终灭掉了诸狄。这时，晋国正卿赵氏在晋国北部征战中接连获得了包括晋阳在内的几处领地，相继被晋国诸侯分封给赵氏做了卿大夫的采邑。于是赵氏开始对晋阳古城进行了大规模重建治理。赵氏首先改变了修建城垣和宫室建筑的传统夯土技术，采用加固材料和加固措施，使晋阳古城的军事防御能力大大增强。这样，已经衰落的晋阳古城第一次真正成为了军事重镇，雄风重现，

晋阳古城

雄据中原北部，成为控制和抵御戎狄入侵的屏障。到春秋末期，赵氏的继任者赵鞅想建立自己的基业，不断扩大自己的领地和势力，他把创立赵氏基业的重心放在了晋国比较偏远的地区，尤其是晋国北部的晋阳。

自晋阳古城建成起，因为它是借以藩屏中原的重要城邑，因此就和政权的分合、朝代的更迭，民族的融合产生了密切联系。据不完全统计，在晋阳古城发生的大小战役有50多次，其中有5次重大战役，分别是春秋时期晋四卿晋阳之战、西晋刘琨晋阳抗战、唐中叶“安史之乱”时期李光弼守太原之战、五代唐——晋太原之战和宋初平北汉的晋阳之战。在此，我们仅介绍其中的春秋时期晋四卿晋阳之战和宋初平北汉的晋阳之战。

春秋时期晋四卿晋阳之战是晋国内部四个强卿大族智、赵、韩、魏之间为争夺统治权而进行的一场战争。这场战争历时两年，以赵、韩、魏三家联合携手，共同攻灭智伯氏，瓜分其领地而告终。

春秋末期，诸侯国中卿大夫强宗崛起，国君宫室衰微，各大国的诸侯都被连绵不断的兼并、争霸战争拖得筋疲力尽，这样，卿大夫就乘机发展自己的实力，不断强大起来。卿大夫实力强大之后，也开始互相兼并，斗争激烈，

这在晋国表现得最为典型。经过扩展兼并，晋国只剩下韩、魏、赵、智、中行、范六大宗族，被称为“六卿”，国家政权也基本把持在“六卿”手中。但“六卿”之间的兼并争夺并未就此结束，很快，范、中行两氏就在火并中覆灭，晋国就只剩下赵、韩、魏、智四大贵族集团。即便这样，四大集团也不能相安无事，在这四大集团中，智氏的势力最大，智氏的掌权者智伯（即智瑶）在朝专权，气焰十分嚣张，甚至仗着己方的势力向韩氏、魏氏索地。韩康子、魏桓子害怕智伯以武力相威胁，只好各送1万户的城邑。智伯索地得逞后，又向赵氏索取皋狼（今山西离石西北）及蔺（今山西离石西），赵襄子（即赵无恤）因过去曾受智伯侮辱而拒绝了智伯的索地要求。

赵襄子的拒绝激怒了智伯，他马上联合韩、魏两军，组成三族联军进攻赵地。此时，赵襄子居耿（今山西河津南），城池比较简陋，无法御敌，当机立断带兵转到晋阳。晋阳城墙完整、坚固，粮草兵器充足，宫殿四周茂密地生长着“荻蒿”“楛楚”，这些植物可以用来造箭杆，打起仗来比较有利。到达晋阳以后，赵襄子下令大造弓箭，积极备战。

智伯率领联军到达晋阳后，马上发动了强攻。但赵军早已做好了充分的战斗准备，而且城墙工事坚不可摧，易守难攻，而且赵襄子善于利用民心，激发士气，因此双方对峙三个月，联军依然不能攻克城池，智伯围攻孤城、速战速决的企图被挫败。智伯见强攻无效，便改用围困及水攻的战术。联军首先切断了所有出入晋阳城的通道，然后掘开汾水灌淹晋阳城。大水淹没城内“三版”（6尺），时间长达3年之久。久困之下，城内生活自然十分困难，粮食缺少，悬釜（炊具）做饭，搭棚居住，士兵体力下降，人心浮动，整个晋阳城面临着极其严峻的考验。值此危急之时，赵襄子果断决定采取分化瓦解联军、策反还击的策略。他派丞相张孟同暗地去见韩康子、魏桓子，用“唇亡则齿寒”的道理说服他们与赵联合，共同对付智伯。不想，他们的计划被智伯的属臣智过撞破，并报告了智伯，还建议速杀韩康子和魏桓子，或者以重贿收买二人身边谋臣。如果智伯采纳了智过的建议，那么赵、韩、魏三卿的处境都会变得十分危险，好在智伯并没有重视智过的建议，让赵襄子有了转危为安的机会。为防有变，他通知韩、魏当即行动。三月丙午日夜，韩、魏军秘密出动，杀死守河堤的智吏，突然决堤放水反灌智军。智军因忙于救

水而陷于混乱。韩、魏军急从两翼进攻，赵襄子则亲自率领精锐部队从正面出城反击。在三方联手的情况下，智军大败，智伯被活捉，晋阳之围得以解除。之后，赵、韩、魏三卿杀了智伯，并平分了他的土地，消灭了智氏一族的同时，壮大了三族的实力，从此形成“三家分晋”的局面。

在这场战争中，我们可以看到晋阳城的坚不可摧，智伯以水灌城三年，而城池依然挺立。同时，我们也可看到赵襄子的领导才能和用兵的智慧，他瓦解智伯的联合战线，用水倒灌智伯军营，把握战机，迅速反攻，挽救晋阳于绝境，由此可见，赵襄子不愧为当时杰出的政治家和军事家。

宋初平北汉的晋阳之战可以说是晋阳古城的毁灭之战。公元960年，赵匡胤借助陈桥兵变而成功登基，黄袍加身。而此时的太原处在北汉政权的统治之下，是宋王朝和契丹之间的缓冲地带。因此，在赵匡胤登基之初，本打算先放北汉一马，实施“先南后北”的统一战略。但公元968年秋天，北汉皇帝刘承钧去世，他的养子刘继恩即位。两个月后，宰相郭无为策划了一场天衣无缝的流血政变，拥立刘继元当了北汉皇帝，造成北汉政局的混乱。这让赵匡胤看到了可乘之机，于是放弃了“先南后北”的既定战略，草率地决定北伐。但这次北伐并没有取得胜利，虽然宋军进逼晋阳城下，夺取汾河桥，焚毁延夏门，但却没能使刘继元投降，反倒等到了契丹援救北汉的援兵，致使攻城不下，只好撤兵。

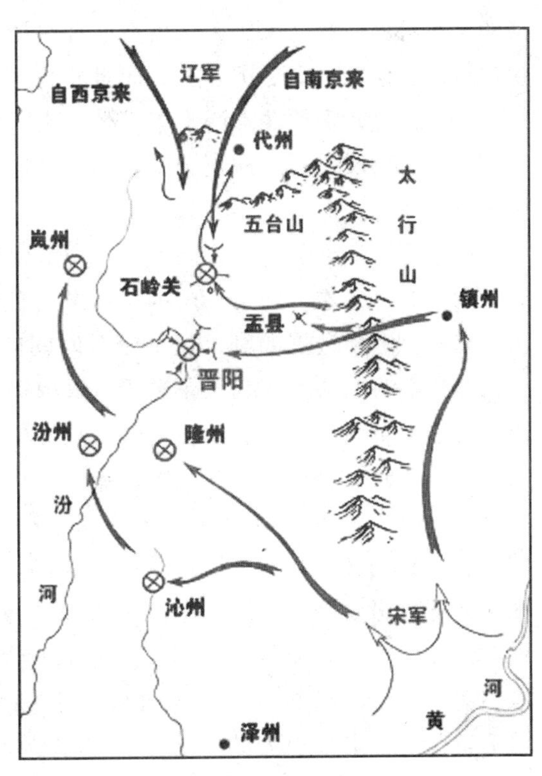

晋阳之战示意图

但赵匡胤并不死心，3个月后，他御驾亲征，从四面围攻晋阳。围攻过程中，宋军两次击退契丹援兵，并将斩获的首

级和缴获的铠甲陈列于晋阳城外以打击北汉军队的士气。但是，坚固的晋阳和顽强的太原军民在宋军持续几个月的猛烈攻击下仍旧岿然不动，一员宋军名将被乱箭射死在晋阳城下，双方都伤亡惨重。迫于无奈，赵匡胤接受了部下的建议，像春秋末期的智伯一样，掘开晋水和汾河，水灌晋阳。用同样的方法，赵匡胤却比智伯幸运得多，经过大水的漫灌与浸泡，晋阳南城的一段城墙崩塌，汾河水冲入晋阳城，宋军乘着小船发起猛攻，甚至放火烧毁了南城门。但北汉军队并未就此放弃，就在城墙豁口越来越大的时候，他们想方设法用柴草堵死缺口，修补好崩塌的城墙，继续与宋军奋战。这时北汉宰相郭无为早有了投降之意，他不断劝说刘继元投降，这种动摇军心的行为让刘继元不得不下令将他处死。而处死郭无为的一幕刚好让在修筑长堤现场的赵匡胤亲眼目睹，刘继元和他的臣民死守晋阳的决心与意志终于使赵匡胤的信心发生了动摇。到了这一年的闰五月，经过四个月苦战的宋军已成强弩之末。大水虽然能冲灌晋阳，但潮湿炎热的环境导致的痢疾流行，也让宋军吃尽了苦头，而且契丹援军又卷土重来，更让宋军难以继续坚持。这时，宋朝太常博士李光赞不失时机地上书了，他在找了一大堆客观理由之后建议退兵。这正合了赵匡胤的心意，又给了赵匡胤台阶，于是赵匡胤下令撤军。

撤军之后，赵匡胤又重新回到“先南后北”的既定战略上来，直到基本统一南方之后，才于公元 976 年 8 月再次出兵北伐。这次，赵匡胤分兵五路会攻北汉，一路进展顺利，仅 1 个月时间就俘获北汉百姓近 4 万人。不久，先抵达晋阳的军队大败北汉军数千人，取得了重大胜利。可就在这时候，北宋皇帝赵匡胤却神秘死去，五路宋军只好匆匆撤兵。对于赵匡胤来讲，未能攻占太原就成了无法弥补的终身遗憾。

赵匡胤去世后，他的弟弟赵光义继任了宋朝皇帝之位，史称宋太宗。即位后，赵光义也继承了哥哥攻打北汉的志愿，公元 979 年 2 月 15 日，赵光义从开封出发御驾亲征。不久，宋军“围城打援”的既定战略得到有效贯彻，陆续攻克太原外围州县，并在石岭关成功击退契丹援军，为会攻太原扫清了障碍。当刘继元再次向契丹求援时，信使被宋军擒获，押到晋阳城下斩首。在宋军逼人的气势下，辽军放弃了对北汉的军事援助，使得只有 3 万士兵的北汉陷入孤立无援的境地，只能独自与北宋政权进行殊死

抗争。

4 月初，数十万宋军很快修筑好围城工事，完成了对晋阳城的四面合围。4 月 26 日，宋太宗来到晋阳城下，派人向刘继元送去劝降书，但守城的北汉将士拒绝接收，北宋军队对晋阳的围攻因此而愈加猛烈。当时，北宋的武器得到空前发展，能负重 90 斤的抛石机日夜不停地轰击晋阳城垣，使晋阳城墙伤痕累累。数万名弓弩手列阵城下，一个多月里几乎昼夜不停地把箭射入晋阳城内。当然，晋阳城的军民也对宋军的攻势进行坚决的抵抗。宋军将领几次攻城，都被击退。

后来，宋军方面把原本负责攻击晋阳东北的曹翰调到晋阳西北面的阵地。进驻到新阵地后，曹翰立即建起一座可以俯瞰城内的土山，使得刘继元深为震恐。而北宋另一员大将赵延进仅用八天就修造八百门攻城用的炮具。在做好了充分的准备后，宋军对晋阳展开了猛烈攻击，晋阳城外的子城羊马城陷落，北汉军队的士气受到打击，大将范超出城投降，却被宋军误杀，北汉将他的妻子儿女全部诛杀，砍下头颅扔出城外，尽管如此，仍然阻挡不住北汉马步军都指挥使郭万超的反叛。

5 月初四，晋阳城迎来了它最为漫长的一天，以打迫降的宋军近乎于疯狂的攻势在这一天达到了顶点，而北汉军民同仇敌忾的顽强抵抗也发挥到了极限，使得宋太宗一鼓作气会饮城中的计划一时难以实现，赵光义下令暂停进攻，等待刘继元对劝降书的反应。这天夜里，刘继元派遣李勋出城接洽投降，赵光义接受了降表，同时派遣薛文宝持诏入城抚谕。

北汉皇帝和北汉臣子们虽然投降了，但晋阳百姓仍在抵抗。太原百姓因此被赵宋王朝斥骂为“顽民”。同时，赵光义更不能容忍的是太原是一片凝聚着王者之气的风水宝地，它已经成为一个成就霸业造就帝王的龙兴之地，汉文帝、李渊父子、隋炀帝、唐高宗……不知有多少帝王都是从晋阳古城走出来的。赵光义既害怕军人凭借城坚池深的晋阳城再进行叛乱或割据，又害怕凝聚着王者之气的太原出现与他争夺帝位的真龙天子。5 月 18 日，晋阳失陷不到半个月后，赵光义下令火烧晋阳。新城、仓城、大明城、西城、东城、连城，里三城外三城的 40 里繁华都市燃起了熊熊烈火，火烧之后，宋军又引晋水和汾水冲灌晋阳，最终使这座历经 1736 年的千古重镇在太原百姓的血泪与后人无奈的感慨之中化为了一片废墟。豪华壮丽的大明宫与晋阳宫，铭刻

着唐王功业的起义堂和受瑞坛，还有那血肉铸就的澄空大佛，那么多辉煌的建筑和灿烂的文化，如此轻易地化为灰烬永远地消失在历史的烟尘之中，只剩下一千年后一腔无人共鸣的悲愤。

晋阳古城作为历史活动的舞台和文化传承的载体，留给了后世太多的遗产和沉思。我们的祖先凭借这座千年古城，在无数激烈动荡的社会变局中领导时代潮流，推动了历史发展，创造了华夏文明。在那个叱咤风云的年代，晋阳古城因政治时势而兴，也因政治时势而亡。尽管宋太宗彻底毁灭了晋阳，而在汾河彼岸的唐明镇上另起炉灶新建了一座太原城，但是却无法改变和削弱晋阳古城曾经有过的历史地位和作用。

如今，始于北宋时代的这座太原城也已经历尽了1000多年的沧桑巨变，然而它却始终传承着古老晋阳的历史基因与文脉，保持着独特的区位优势和地域文化，依然延续着晋阳古城造就出的敢为人先、顽强拼搏、融汇天下、变革创新的品质和风尚。所不同的是，今日太原进入了全面建设小康社会的新时代。它在确保社会稳定的同时，作为我国北方东、西部地区的承接点，在省域经济发展和实施西部大开发的战略中区域中心城市的职能和地位更加凸显出来。为此深入发掘晋阳文化内涵，研究晋阳古城兴衰的历史，继承和弘扬这座古老城市留下来的宝贵精神财富，进而促进太原市经济社会率先发展，对于拥有悠久历史和丰厚文化遗产的晋阳古城无疑是最好的纪念。

高平古战场

长平古战场遗址位于高平市，是山西省重点文物保护单位。长平古战场遗址的范围比较广阔，它西起骷髅山、马鞍壑，东到鸿家沟、邢村，东西宽度约为10公里；北起丹朱岭，南到米山镇，南北长约30公里，东西两山之间，丹河两岸的河谷地带都属于重点保护区。

高平市位于山西东南部，泽州盆地北端，太行山西南边缘。东自铁佛岭与陵川县接壤，西至老马岭与沁水县相连，南至界牌岭与泽州县交界，西北至丹朱岭与长子县为邻，东北自金泉山与长治县相接。高平市是中华民族人文始祖炎帝的故里，春秋时名为泫氏，战国时名为长平，北魏开始直到现在

称为高平。如今的高平是闻名全国的“煤铁之乡”、“黄梨之乡”、“生猪之乡”和“上党梆子戏剧之乡”。

知识链接

非常时期的女兵

史料记载，中国古代既有女兵，也有女兵部队。战国初期，《墨子》载：“守法，五十步，丈夫十人，丁女二十人，老小十人。”“诸男、女有守于城上者，什六弩、四兵。”可见，烽烟四起的战国，女兵的比例可不小。

顾颉刚在《女子当兵和服徭役》中说：“一部《左传》中记事不少，而绝未有壮女当兵之痕迹。”但他认为：“殆战国时屡发大规模之战争，丁男不足则以丁女继之……必至全国动员而后已。”非常时期，女兵必出现在战场上。

汉朝初期，也有女兵，《史记·项羽本纪》记载：“于是汉王夜出女子荥阳城东门，被甲二千人，楚兵四面击之。”

古代匈奴的妇女都是女战士。《资治通鉴》中记载，公元前36年汉朝军队讨伐西域的郅支单于，把匈奴军困于郅支城内，匈奴军誓死抗击：“单于乃被甲在楼上，诸氏、夫人数十皆以弓射外人。”战情危机之时，匈奴女人也上战场。

太平军中的女兵部队有10万之众。湘军情报汇编在《贼情汇纂》中称“贼素有女军”，并详细罗列了太平军女军的编制。定都天京后，太平军女兵编为40个军，一个军约有2500人。仅在天王府里服役的女兵，就有三千，不仅在危急时刻保护过天王的性命，最后也陪太平天国同归于尽。

中日甲午战争，清军将领左宝贵战死，《点石斋画报》报道，其夫人发誓为夫君报仇，把金银首饰都捐献出来，招募士兵，组成一支三千人的部队，据说都是巾帼女性，“别称一军”，从甘肃开到北京，请求赴抗日前线。

时人感叹：“若左夫人者，亦女中之奇杰欤。”但也有文字爆料，说左夫人招募的士兵都是陕西、甘肃两省之人，他们“多系耳戴铜环，衣服捆边，与女装差近”，说左夫人所带的其实绝大多数是男兵，但她的部队中也有相当数量的女兵。

在长平古战场发生的较为著名的战役有公元前 260 年秦赵两国的“长平之战”和后周时期的高平大战。

“此地由来是战场，平沙漠漠野苍苍。恒多风雨幽魂泣，如在英灵古庙荒。赵将空余千载恨，秦兵何意再传亡？居然词宇劳瞻拜，不信骷髅亦有王。”这首明代诗人苍凉而悲慨的诗词描述的“此地”的就是战国时期秦赵两国的“长平之战”。那时，秦国和赵国在各诸侯国中实力较强，商鞅变法使秦国日益强盛，而赵武灵王“胡服骑射”的改革也使赵国的军力盛极一时。这样，两个国家都有了统一其他诸侯国的实力。而公元前 261 年，秦军将韩国拦腰截为二段，使韩国的上党郡（今山西长治、晋城地区）孤悬于外，上党太守冯亭带领手下投靠赵国，赵国欣然将上党郡并入自己的版图。这种虎口夺食的举动自然激怒了秦国，于是秦国出兵攻赵，赵军在大将廉颇的率领下，在长平一线扼险而守，摆开阵势期待与秦军决战。

当时的长平从军事地理视角来看，具有极其重要的战略地位，它东，西、北三面环山，境内山峦绵亘，丹河从境内纵贯而过，又有五大支流呈网状遍布全境，在西、北方面又有高平关（今高平、沁水界），长平关（今高平、长子界）、故关（今高平、长治界）等诸多要塞可以防守，是上党郡以至赵都邯郸的战略屏障，无论秦国从河东道进攻，还是从南路的太行道进攻，长平都是其军队的必经之路。只要守住长平，秦军就无法接近赵国的都城邯郸。出

于对长平战略位置的考虑，赵国大将廉颇设计了三道防线：空仓岭防线、丹河防线和百里石长城防线。廉颇考虑空仓岭防线与高平古寨和秦城三者呈犄角之势，能构成防卫集群；丹河防线拥有高平关和韩王山两大制高点，登高而望，可使整个战场敌我态势了如指掌；百里石长城防线西起丹朱岭，逶迤向东经南公山至羊头山，再经金泉山至陵川与壶关交界的马鞍壑，且沿山构筑有简易的石长城，可担当守卫邯郸的最后防线的重任。这三道防线布置妥当，料想应该是固若金汤。

但当战斗真的打响以后，战况却不像预计的那样。秦军主将王龁率领秦军于沁河沿线突击，锐不可当，一举攻破了空仓岭，而且打破了赵军企图加固南北两翼以钳制敌军深入的努力，使空仓灵南北几十里防线数日后完全陷落。不过，廉颇却从失利中摸透了秦军的底细，决定不能与秦军硬拼，而是选择撤回丹河东岸，以河险为依托，固守第二道防线，以不变应万变。

廉颇的应敌策略果然取得了良好的效果，秦赵两国从此展开了一场旷日持久的相持战，这一相持，就耗去了 3 年时间。这样的相持使秦军一筹莫展，虽然他们的实力比较强大，但他们毕竟远道而来，补给是个大问题，而且当地居民一面倒地支持赵军，更使秦军陷入艰难境地。秦王与他的谋臣们不断积极地想应对的办法，最终决定孤立赵国，并使用离间计，使廉颇失去军事指挥权。策略一定，秦军就开始积极行动。他们先向各国制造秦、赵和解的假象，使赵国在外交上丧失了与各国“合纵”的机会，失去援兵的赵国陷入了被动孤立的局面。再挑拨离间赵王与廉颇的关系，四处散布流言，宣称廉颇固守是出于投降秦军的目的，而秦军最惧怕的赵国将领是赵括。离间计很快就取得了良好的效果，赵国撤换了廉颇，任命赵括为主帅。

秦国除对赵军用计之外，也调整了自己的军事部署，不仅从国内再增援军，还征调了被后人视为“战国时期最杰出军事将领”的武安君白起，封为上将军，代替王龁统率全军。在这样的情况下，秦军又开始重占上风。而赵军却开始军心浮动，因为赵括极其缺乏实战经验，不但改变军中制度，更换将领，还抛弃了廉颇既定的作战计划，下令赵军西渡丹河，全线出击。这让秦军有了可乘之机，白起率领军队佯败撤退，吸引了固守丹东防线的数十万赵军或越过丹河，或云集丹河东岸待渡，另外，他悄悄分遣两支骑兵，迂回包抄已经空虚了的赵军后路：这两支队伍一支从秦河（今端氏河）河谷迂回北上，断了赵军粮道和援兵，一支直插小东仓河河谷一线，将赵军一断为二。赵军失去了后方大粮山的军粮和辎重补给，留守的赵军又失去了与主帅赵括的联系，致使整个赵军陷入混乱状态。

仓促慌乱之中，各路赵军只能构筑堡垒固守，等待援救。但赵国政治、外交无能，临近的楚、魏等诸侯国慑于强秦之威不敢驰援。而秦国方面，得到合围住赵军主力且有奇兵断绝粮道的消息后，秦昭襄王亲自赶到前线奖赏将士，并组织一支“新军”彻底切断了赵国援军的来路。就这样，被围46天，断粮一个月后，赵军陷入绝望，虽然赵括亲率赵军精锐部队强行突围，但终究无法成功，最后，赵括本人也死在了秦军的乱箭之下。现在，当我们走进长平古战场遗址，还能看到一座叫“弃甲院”的古代阁楼，相传赵括屡次突围不成，正是在此卸去重甲弃在村中，带领部队赤膊上阵。而在位于高平市区北4公里的寺庄镇，还有一座“箭头村”，这座有500户人家的村落可

长平古战场遗址出土的兵器

能没有想到，在长平之战发生两千多年后，那些带着血腥味的秦军“箭头”，还时有出土……

赵括死后，群龙无首的赵军全部放下武器投降，而投降的赵军竟有近 40 万人。秦军将领白起对人数众多的赵军俘虏心有余悸，为了不承担俘虏反叛的危险，白起决定将俘虏全部杀死。这真是人间惨剧：秦军假意许诺降兵，说要将他们中身体强健的带回秦国，而年老体弱伤残幼小的会放归赵国。就这样，近 40 万赵国俘虏被分割成若干个小集团，分别被砍头、活埋、枪挑、弓箭射杀……长平地区一时尸横遍野、丹河的水也被血染成了红色，河水被尸体阻断竟断流多日。最后，只有 240 名 15 岁左右的赵军娃娃兵被放归赵国，而放归的目的则是让他们回赵国后散布秦国之威。

对于这场惨绝人寰的大屠杀，尽管已经过去了两千多年，但生活在现在的人们偶尔还会感受到他们的惨状。据说每逢下雨天，生活在长平地区的人们，还会在古战场内发现被雨水冲出的枯骨。而 1995 年 5 月，高平永禄乡永禄村农民李珠海和他的儿子李有金在耕地时，发现了一座埋尸坑，此坑约有赵国军队尸骨 100 余人。之后，考古人员又在此坑往西的方向发现了比它还大的两三个尸坑。

现在，在长平已经发掘出的 17 个尸坑中，赵军战士的尸骨胡乱叠压，不少人的头盖骨上还有中箭后的三角伤痕。当地人说，当时在发掘时，还发现有的尸骨的胯骨上还深深地嵌着铁头铜尾

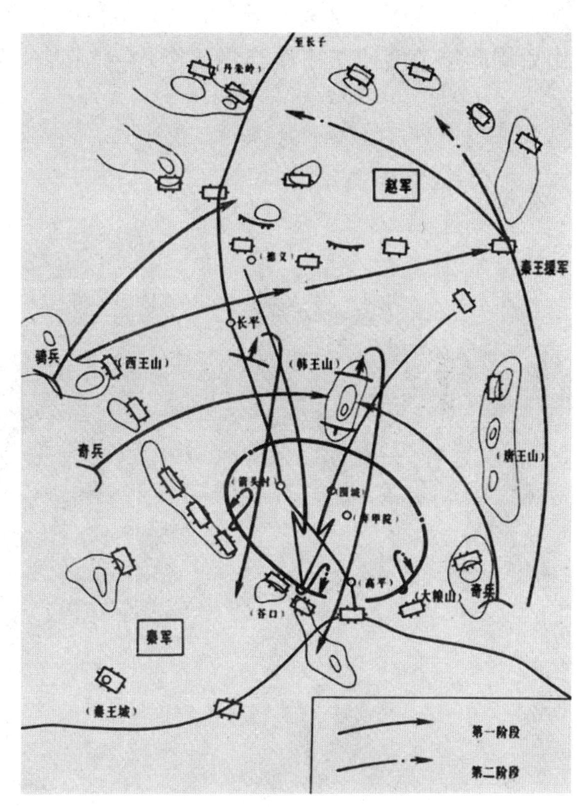

长平之战决战要图

的箭头，有的胸腔内遗有箭头，有的四肢有明显刀砍痕迹，以及挂有铁钩——他们的尸体曾被铁钩钩住残忍悬挂。专家推断，当年，秦军将战俘尸体抛入沟内，仅仅是再填上一层薄土加以掩盖而已。在长平古战场遗址中，最为著名的是骷髅山与骷髅王庙。史书记载，唐玄宗李隆基曾巡游至此，见白骨遍野，头颅成山，情形触目惊心，遂将此地命名为骷髅山，在山旁修建骷髅王庙。现骷髅王庙为清代遗构，庙内塑有赵括夫妇像。可见，在唐代时，此地还尸骨成山，那当年的惨状就不难想象了。

后周时期的长平大战发生在后周显德元年。在此之前，北汉与后周之间就有多次战争，北汉虽然得到辽国的支援，但在历次战争中，仍是胜少败多。至显德元年，北汉得知周太祖逝世的消息，觉得这是进攻后周的大好时机，于是向辽请兵求助，得到支援后，与辽兵合兵南下攻后周。当时北汉自己的兵力有 3 万人马，又有辽兵的帮助，可谓信心满满。后周方面得到消息后，由后周昭宁节度使李筠派部将穆令均率领两千人马迎击北汉军队，自己率领

秦赵长平古战场遗址

主力在后面扎营。但后周方面初战失利，穆令均中了北汉前锋都指挥使武宁节度使张元徽设下的埋伏圈，被斩杀，士卒也折损了上千。李筠见此情况，只好退回潞州，决定凭城固守。刚即位的周世宗得到禀报后打算亲自率军出征，但遭到一些大臣的反对，在与大臣的反复争执中，周世宗仍决定亲征，他认为北汉在己方国丧期间出兵，定是轻视自己年轻没经验，一定想不到自己会亲征，他就要出敌人之不意。于是，他亲率大军，从大梁出发。

北汉主果然没想到周世宗敢亲自出征，他看潞州城坚固，一时难以攻取，就越过潞州不攻，直取大梁。不料，行军至高平，己方的前锋就碰到了后周军队，并被后周军队击退，北汉主只好排开阵势准备迎敌。自己亲自率领中军，张元徽率军在东，杨衮率契丹骑兵在西。害怕汉军逃脱的周世宗率兵加紧前进，但后周军前锋前进过快，首尾不能相顾，河阳节度使刘词率领的后军被落在后面。面对这种敌众我寡的局面，周军的将士难免怀有畏惧心理。而周世宗却镇定自若，抱定可克敌决心。他命令白重赞与侍卫马军都虞侯李重进统率左军在西，樊爱能、何徽统率右军在东，向训、史彦超率领精骑在中间列阵，殿前都指挥使张永德率领禁军护卫世宋帝。周世宗自己也全身披挂，身先士卒，亲自策马到阵前督战。

后周将领赵匡胤（后来的宋太祖）请张永德率军从左翼出击，自己率军从右翼出击。两人各率领两千人马随周世宗出击。赵匡胤身先士卒，迎敌血战，在他的带领下，士卒们更是拼死力战，无不以一当百，北汉兵抵挡不住。同时，后周内殿直马仁禹也激励同伴进击，他跃马猛射，连毙数十敌军，后周军的士气更加高涨。殿前右番行首马全义也率领部下几百骑兵向前猛攻。北汉主知道周世宗亲自出战，忙命人嘉奖张元徽，催促张元徽乘胜进攻。张元徽只得率兵前进，可惜，进攻途中战马被射倒，他本人也被后周军斩杀。一员骁勇的战将被阵斩，北汉军的士气陡然低落，后周军乘着越来越大的南风，猛烈进攻，北汉军大败。虽然北汉主亲自挥舞旗帜，但是也制止不住北汉军的溃败。杨衮看到后周军如此骁勇，不敢救援，又恨北汉主不听他的劝告，先率领契丹骑兵撤退了。北汉兵的形势越来越糟糕，但他们尚有兵力万余，在北汉主的命令下隔山涧布阵，企图抵抗。但这种抵抗没能持续多久，因为后周的增援部队也到了，士气大振的后周军不断发起猛攻，北汉军崩溃了。北汉的王延嗣被杀，后周军一路追杀到高平，北汉兵尸体布满山谷，丢

弃的器械漫山遍野，余下的数千北汉兵缴械投降。北汉主仅率百余骑兵狼狈脱逃。高平大战，后周军取得全胜。

高平大战的胜败直接关系到后周的存亡兴衰。战争开局，后周右军就被击溃，在这种危机情况下，周世宗亲自出阵，不但鼓舞了士兵的士气，而且挽救战局于危难。周世宗当时曾以唐太宗自比，他的胆识、勇猛和气魄确实不亚于唐太宗。

第三章

中原与华东古战场

本章介绍了山东地区的古战场——鄄城古战场、郯城古战场,河南地区的古战场——新乡古战场、荥阳古战场、商丘古战场、鄢陵古战场、崤山古战场、叶县古战场、汝南古战场,安徽地区的古战场——灵璧古战场、阜阳古战场、寿县古战场、采石矶古战场。

第一节 齐鲁烽火——山东地区古战场

鄄城古战场

鄄城县位于山东省西南部，黄河南岸。东邻郓城县，南连菏泽市，西、北与河南濮阳、范县接壤。鄄城县属黄河冲积平原，可谓一马平川。鄄城县历史悠久，有文字记载的历史可上溯至五帝时期，据说尧的出生之地和葬身之地在此，舜的出生地和青年时期活动的区域也在此。夏商时天下分为九州，鄄城属古兖州之域；春秋时期属卫国，称鄄邑；战国时期属齐国，也称鄄邑；秦始皇时改鄄邑为鄄城。在现在鄄城县这块版图上，历史上曾有六座山——历山（地处闫什口镇西 3 里历山庙村）、箕山（在鄄城东北箕山集）、青山（在鄄城城北 12 里春柳固堆）、富春山（在鄄城城西南富春集北金堤下，尧陵东南）、谷林山（在鄄城城西南富春集西北，山前有尧帝陵）、金宝山（金宝山又名鸡爪山，在鄄城城东南 25 里军集南 1 里）；先后设立过八个侯（王）国——雇国（商代设置，辖区在今鄄城县东北与郓城之间）、昆吾国（颛顼之后裔封地，在今鄄城西南部）、卫国（春秋时代，周武王在朝歌，今河南淇县建卫国）、成国（春秋时代，周文王、周武王封其弟季戴于成，今鄄城南富春乡一带）、胙国（春秋时代，周公之子封地，在今鄄城东境）、濮阳国（十六国时期设立，在今鄄城县旧城镇）、城都国（汉武帝河平二年置城都侯国）、鄄城王国（魏文帝黄初三年，曹丕将其弟曹植由鄄城侯晋为鄄城王，鄄城随升为王国）；八座县城——古鄄城县城（始置于西汉，废于明朝）、廪丘县城

（西汉时置县）、成阳县城（始置于秦朝，废于南北朝时北齐）、成都县城（始置于西汉，废于东汉）、都关县城（始置于秦朝，废于东汉）、临濮县城（始置于隋开皇十六年，废于金贞元二年）、雷泽县城（始置于隋开皇十六年，废于金贞元二年）、今鄄城县城（1931 年独立设县）。

在历史上，古鄄城有着辉煌的一页，但现在这些辉煌与文明已荡然无存，究其原因，主要在于黄患与战乱。首先，黄灾泛滥，泥沙掩埋对古鄄城造成了极大的破坏。据统计，两汉 400 年间，黄河决口达 16 次之多，这 16 次累加起来，使古鄄城大约有 60 年是处在黄泛之中。明朝 276 年间，黄河决溢 143 年。清朝 267 年间，黄河决溢 161 年。长期黄河决溢，导致古鄄城百姓流离失所，往往是黄河泛滥，一片汪洋，黄水退去，寸草不生。而且连年的黄河泛滥冲刷下来的高原黄土又会将古鄄城的一切掩埋起来。据考察，两汉遗迹埋在地表以下 8 ~ 10 米处；唐宋遗迹埋在地表 6 ~ 8 米以下；就连很多明清遗迹也掩埋在 2 米黄沙之下。长期的水患，使古鄄城的先民学会择高而居，因

鄄城县街景

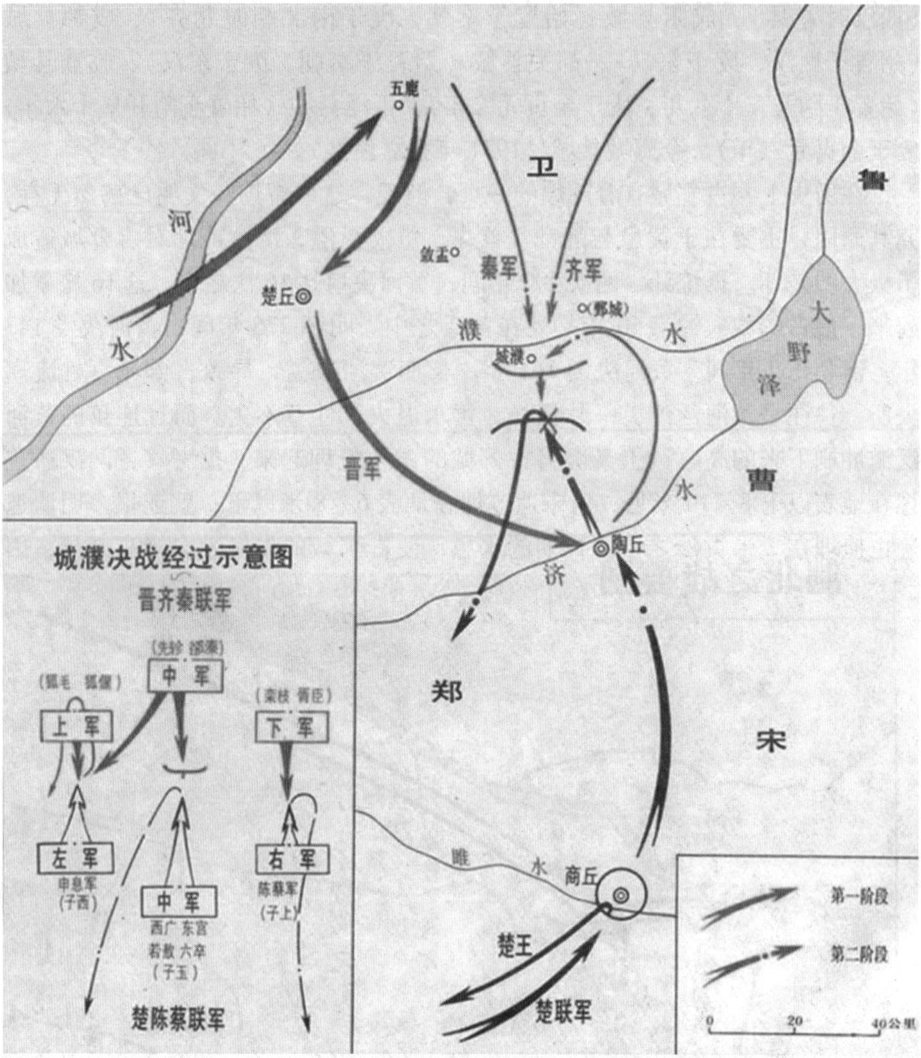

城濮之战要图

此也就形成了现在鲁西南特有的固堆文化。再者，战乱是破坏古郓城文明的另一凶手。由于古郓城地处华北平原腹地，地势开阔，一马平川，因此自古此地就金戈铁马，战乱不息。春秋战国，诸侯纷争，几百年战事连连，秦末先是农民起义祸及之地，秦灭又属刘邦与项羽的主要战场之一。西汉晚期，天下大乱，古郓城又先是官兵与黄巾军的争战之地，后是曹操、吕布、袁绍

等军阀的混战之所。隋末唐初、唐末五代、宋末金初、元末明初、明末清初、清末民国、国共内战，鲁西南都是农民战争或政权更替的重要战场。这无疑给当地农业、商业以及文化的发展带来了一次又一次毁灭性的打击，而历史上著名的晋楚城濮之战就是众多战争中的一场。

城濮之战发生于鲁僖公二十八年（公元前632年），它是春秋时期晋、楚两国为争夺中原霸权而进行的第一次战略决战。这一时期，相继崛起的楚国和晋国都有争霸中原的实力，特别是实力较强的楚国，一直把晋国的崛起看作对自己称霸中原的严重威胁。而由于对宋国控制权的争夺，又进一步使两国的冲突激化。

公元前634年，原本被迫屈服于楚国的宋国背楚投晋，引来楚国的不满，于是出兵攻宋。而早想开疆扩土的晋国，便以救宋为名出兵中原。但是，当时晋、宋之间隔着曹、卫两国，劳师远征，有侧背遇敌的危险；况且楚军实力强大，正面交锋也无必胜把握。于是晋国商议决定：先攻打曹、卫两国，调动楚军北上，以解救宋国。公元前632年1月，晋文公统率大军渡过黄河，进攻卫国，很快占领了整个卫地。接着，晋军又向曹国发起了攻击，三月间，攻克了曹国都城陶丘（今山东定陶），俘虏了曹国国君曹共公。晋军虽取得了初步的胜利，但楚国并没有按照晋国的设想北上救曹、卫两国，依然全力围攻宋都商丘。面对这种局面，晋国的大臣先轸用计使齐、秦两国与楚国反目，反过来帮助晋国攻打楚国。这就使得晋、楚双方的力量对比发生了重大的变化。

楚成王见形势非常不利于己方，于是决定把楚军撤到申地（今河南南阳），并命令令尹子玉将楚军主力撤出宋国，避免与晋军冲突。但骄傲自负的子玉却坚决要求楚成王允许他与晋军决战，以证实自己并非指挥无能。优柔寡断的楚成王同意了子玉的要求，还应子玉的请求调派了一部分兵力前往增援。子玉得到了楚成王增派的援兵后，更加坚定了他同晋军作战的决心。为了寻找决战的借口，他派遣使者宛春故意向晋军提出了一个“休战”的条件：晋军撤出曹、卫，让曹、卫复国，楚军则解除对宋都的围困，撤离宋国。子玉这一招不怀好意，实际上是要让晋国放弃争霸中原、号令诸侯的努力。但晋文公棋高一着，采纳了先轸更为高明的对策：一方面将计就计，以曹、卫同楚国绝交为前提条件，私下答应让曹、卫复国。另一方面扣留了楚国的使者宛春，以激怒子玉来寻战。子玉果然上了当，率兵气势汹汹地扑向晋军，没想到晋军已布下了一个更大的陷阱等着他。

为避开楚军的锋芒，诱敌深入，后发制人，晋军主动“退避三舍”，撤到预定的战场——城濮（今河南濮城）一带。晋军的这一做法首先从舆论上赢得同情，其次也取得了军事上的优势，既有利于同盟军联合作战，又有利于激发士气，占据阵地，以逸待劳。对晋军的主动后撤，楚军中不少人都感到事有蹊跷，主张持重待机，停止追击。然而刚愎自用的子玉却认为这正是聚歼晋军，夺回曹、卫的大好时机，挥兵跟踪追至城濮。之后，子玉将楚军和陈、蔡两国军队分成中、左、右三军。中军为主力，由他本人直接指挥；右翼军由陈、蔡军队组成，战斗力薄弱，由楚将子上统率；左翼军也是楚军，由子西指挥。而晋军针对楚中军较强、左右两翼薄弱的部署态势，以及楚军统帅子玉骄傲轻敌、不谙虚实的弱点，采取了先击其翼侧，再攻其中军的作战方针，有的放矢发动进攻。同时，晋下军佐将胥臣又想出了一个把马匹蒙上虎皮的计策，这样，当一匹匹蒙着虎皮的战马冲向楚军中战斗力最差的右军时，对方以为晋军真的骑着老虎冲过来，顿时惊慌失措，溃不成军，很快就被歼灭了。

知识链接

退避三舍

退避三舍：比喻对人让步，不与相争。舍，古时行军计程以三十里为一舍。

“退避三舍”典出《左转》。春秋时期，晋献公听信谗言杀了太子申生，又派人捉拿申生的弟弟重耳。重耳闻讯，逃出了晋国，历经千辛万苦，逃到楚国。当时楚成王觉得重耳将来必有作为，于是将他待为上宾。在一次饮酒交谈中，楚成王问重耳如果将来有一天你当上了晋国的国君，要怎

样报答他。重耳想了想，回答道：如果将来真能当晋国的国君，那么希望能与楚国友好相处。如果有一天，两国不得已发生战争，那么晋军会先退避三舍，如此还不能得到楚成王的原谅，那么两国再交战。

四年后，重耳真的回到晋国当了国君，晋国在他的治理下日益强大，而他就是历史上有名的晋文公。公元前633年，楚国和晋国的军队在作战时相遇。晋文公为了实现他许下的诺言，下令军队后退九十里，驻扎在城濮。楚军见晋军后退，还以为对方惧怕自己的实力，迫不及待地追击上前，结果骄傲轻敌的楚军在城濮之战中失败。

歼灭右军后，晋军又采取诱敌出击、分割聚歼的战法对付楚的左军。晋军上军主将狐毛，故意在车上竖起两面大旗，引车后撤，装扮出退却的样子。同时，晋下军主将栾枝也在阵后用战车拖曳树枝，飞扬起地面的尘土，假装后面的晋军也在撤退，以引诱楚军出击。子玉不知是计，下令左翼军追击。晋军见楚军中了圈套，立即以最精锐的中军横击楚左军。晋上军主将狐毛、佐将狐偃也乘机回军夹攻。楚左翼完全陷入了重围，很快就被消灭了。子玉此时才惊觉大事不妙，立刻下令中军迅速脱离战场，才得以保全中军。楚军战败后，向西南撤退到连谷，子玉旋即被迫自杀。

城濮之战最终以晋军获得决定性胜利而告结束。在城濮之战中，晋军原本是实力较弱的一方，但他们采取后发制人的战略，取得了胜利，奠定了自己称霸中原的基础。

郯城古战场

公元前341年发生了一场著名的战役，那就是魏齐马陵之战，可对于魏齐马陵之战的遗址到底在哪里，却一直众说纷纭。其中以“今河南范县西南”说或“山东濮县北三十里”说最为贴近历史事实。因为在《史记》中说“马

陵道狭，而旁多阻隘。可伏兵。”可见，司马迁所记的马陵之战的地点既没有山石，也没有涧谷。可见当时的马陵并不是一处山高崖陡、涧深水急的山地。因此，根据多种历史文献提供的地形、地貌、地理位置来看，“马陵古战场”在“范县西南”说是可以成立的。

为了更进一步弄清事实，许多专家学者都曾亲临现场考察。考察中发现的许多线索，都是有力的佐证。1992 年在临沂召开的“海峡两岸孙膑兵法暨马陵之战学术研讨会”，使魏齐马陵之战的研究达到了高潮。魏齐马陵之战在郯城马陵山之说，遂在史学界取得共识。

郯城县东部，有一座连接苏鲁、纵贯南北，绵延起伏的山脉，这就是马陵山。马陵道在郯城县境马陵山地段，南起大尚庄乡的孙家塘，北到清泉乡的九道湾。马陵道分山顶道、山涧道、河谷道，马陵道旁与马陵之战有关的地名、村名很多。有马场，相传是喂养战马的地方；古寨，为驻扎军队的地方；有庞涓一次上马石、射箭崖、卸甲营、恨谷崖、庞涓沟、庞涓二次上马石、庞涓死地、分尸岭、跑马岭、安子庙、庞涓墓等有关地名村名，与马陵之战有关的资料也很多。在当地有关魏齐马陵之战孙膑和庞涓打仗的传说故事流传也很广泛。在马陵道旁出土的战国时期兵器有铜戈、铜矛、铜剑、铜簇等，特别是 1987 年大尚庄出土的一件带铭文的铜戈——《邵氏佐》戈，更加证明魏国军队曾在郯城马陵山打过仗，否则魏国的兵器不会遗失在马陵道旁。据《战国策》魏策载“伐齐是寡人之仇也，出大梁，过外黄，伐齐并莒”，说明是魏国发动的一次伐齐战争，同时走的也是这条道。

马陵山，虽不以险奇闻名，不以高峻著称，但它独特的魅力与深邃的历史文化底蕴，却令世人瞩目。目前，有关部门已把马陵山列为重要地域予以治理保护。郯城县委、县政府也把这里作为重点旅游资源加以开发。

马陵之战发生在战国中期。当时魏国的实力要胜过齐国一筹，其军队也比齐军强大，但在马陵之战中，齐军却重创了魏军，这主要是因为齐国战略方针的正确和孙膑作战指挥艺术的高明。公元前 341 年，魏军发兵攻打比它弱小的韩国，危机之中，韩国遣使奉书向齐国求救。齐威王召集大臣商议，但大家的意见不统一，于是齐威王向孙膑征求意见。孙膑的意见是：韩国要救，但不能早救，要向韩表示必定出兵相救，促使韩国竭力抗魏。当韩处于危亡之际，再发兵救援，从而“尊名”“重利”一举两得。齐威王觉得孙膑

马陵道遗址

的计策可行，于是接受了孙膑的建议。

韩国得到齐国同意救援的消息后，人心振奋，竭尽全力抵抗魏军进攻，但因实力相差悬殊，战五次，败五次，只好再次向齐告急。齐威王把握时机，即刻任命田忌为主将，田婴为副将率领齐军直趋大梁。孙膑充任军师，居中调度。魏国眼见胜利在望，半路却杀出了齐国，十分恼怒，于是决定放过韩国，转将兵锋指向齐军。魏惠王撤回攻韩的魏军后，马上命太子申为上将军，庞涓为将，率雄师 10 万，气势汹汹扑向齐军。这时齐军已进入魏国境内纵深地带，魏军尾随而来，一场鏖战是无可避免了。孙膑针对魏兵强悍善战，素来蔑视齐军的实际情况，判断魏军一定会骄傲轻敌、急于求战、轻兵冒进，就决定要巧妙利用敌人的轻敌心理，误导敌人，诱其深入，而后出其不意地进行攻击。在认真研究了战场地形条件之后，齐军定下减灶诱敌，设伏聚歼的作战方针。

在与魏军对阵时，齐军刚开战不久就佯败后撤。为了诱使魏军进行追击，齐军按孙膑预先的部署，施展了“减灶”的高招，第一天挖了 10 万人煮饭用

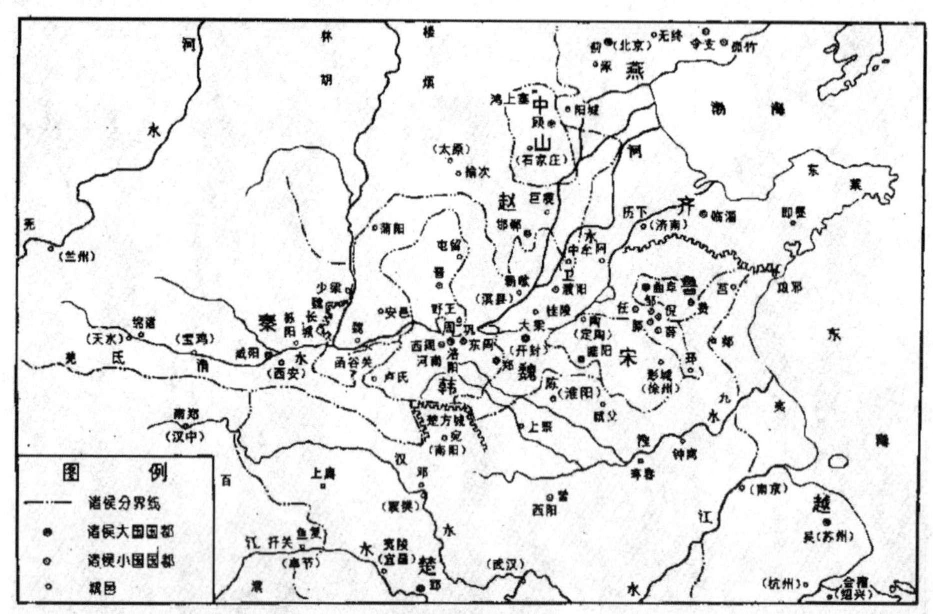

战国中期形势图

的灶，第二天减少为 5 万灶，第三天又减少为 3 万灶，造成在魏军追击下，齐军士卒大批逃亡的假象。庞涓见齐军退却避战而又天天减灶，便不禁得意忘形起来，武断地认定齐军斗志涣散，士卒逃亡过半。于是丢下步兵和辎重，只带着一部分轻装精锐之兵，昼夜兼程追赶齐军。孙膑根据魏军的行动，判断魏军将于日落后进至马陵。马陵一带道路狭窄，树木茂盛，地势险阻，是打伏击战的绝好处所。于是孙膑就利用这一有利地形，选择齐军中 1 万名善射的弓箭手埋伏于道路两侧，规定到夜里以火光为号，一齐放箭，并让人把路旁一棵大树的皮剥掉，在上面书写“庞涓死于此树之下”字样。庞涓带领军队果然在孙膑预定的时间钻进了齐军的埋伏圈，庞涓见剥皮的树干上写着字，但看不清楚，就叫人点起火把照明。字还没有读完，齐军便万弩齐发，给魏军以迅雷不及掩耳的打击，魏军顿时惊恐失措，大败溃乱。庞涓计穷力竭，眼见败局已定，遂愤愧自杀。齐军乘胜追击，又连续大破魏军，前后歼敌 10 万余人，并俘虏了魏军主帅太子申。

孙膑在马陵之战所用的战略，其实便是孙子兵法“始计篇”所说的“能而示之不能，用而示之不用”以及“兵势篇”所说的“以利动之，以卒待

之”等虚实原则于实战的运用。自此之后的战争，常有以虚实相变而大打心理战的情况出现。

知识链接

古代女兵部队的管理

中国古代的女兵在军中通常做些什么？军中怎么管理女兵？

《墨子》载：“诸作穴者五十人，男、女相半。”“壮男之军，使盛食厉兵，陈而待敌。壮女之军，使盛食负垒，陈而待令，客至而作土以为险阻，及耕格阱，发梁撤屋。”战国时期的女兵，主要干的是挖战壕洞穴、守卫城池、挖土拆房等辅助工作。

太平军的女兵部队所从事的通常是军需生产，以及修理工事、搬运粮草、舂米、搓麻绳、埋死尸等工作。清朝人谢介鹤在《金陵癸甲纪事略》中记载，1853—1854 年间，太平军进攻清军江南大营时，让女军派人挑着装满糠的大箩筐远远跟着。

一旦得手，太平军乘胜追击，女军就用糠填埋废弃营地的壕沟，而后用箩筐把战利品挑回去。定都天京后，时而也有广西籍太平军女军官出战，曾国藩对于这些“大脚蛮婆”深为忌惮。

女兵部队要求女兵与男兵分开管理，禁止男、女兵相接触，所谓“慎使三军无相过”，男兵女兵混杂一起，会影响战斗力，这无疑与几千年来的封建传统思想密切相关。

概而言之，我国传统思维强调“男主外女主内”，只有非常时期，女性才会出现在战场，战场上的女性博得了一个亮丽名字叫“巾帼英雄”。毛泽东说：“中华儿女多奇志，不爱红妆爱武装”。

第二节 中原逐鹿——河南地区古战场

新乡古战场

牧野在今新乡市北部，包括新乡市所辖凤泉区、卫辉、获嘉等地。牧野是专门用来表达牧野大战战场的专用名词，根据《尔雅》一书的解释，“牧”“野”是相对于殷都朝歌（今河南鹤壁市淇县）而言的。从朝歌城由内向外，分别称作城、郭、郊、牧、野。因此有人认为周武王与殷纣王之间的决战，是在殷都朝歌（当时的称呼是商邑，即今天的淇县）郊外的牧和野展开的。但这种理解并不正确。殷商时，王城四周都有天险，殷以南还设有别都牧邑，牧邑建有大城，设有宗庙，商王常到此对臣下进行赏赐。所谓牧野，是指这个邑落（相当于今天的城市或城镇）外面宽阔的原野。那么牧邑在哪里呢？据许慎的《说文

河南新乡潞王陵

解字》的解释，我们可以确定牧邑在“朝歌南七十里地”，“周武王与纣王战于牧野”，也就是今天的卫辉市区所在地。另外，唐朝的《括地志》说今卫辉市原名为陈城，周武王为了牧野决战，曾在那里陈兵布阵并筑城。由此更能证明，“牧野”的正确解释应该是牧邑外的宽阔原野。另外，在20世纪80年代，新乡市凤泉区和卫辉之间的山彪曾出土大量文物，证实了这里就是牧野大战的古战场。在殷商末年，牧邑是殷都防守的军事重镇，周武王要攻克商都，夺取天下，就必须进军牧邑，牧野之战也就是在这样的背景下发生的。

知识链接

虚报战绩的古人

读古书会经常遇到记载战争中的歼敌数字的情况，其中有些显然有夸大之嫌。而这种夸大似乎是一种“惯例”，原因何在？

在《三国志·魏书·国渊传》中有一点关于歼敌统计数字的秘密。传中说：“国渊字子尼，太祖（曹操）征关中，以渊为居府长史，统留事。田银，苏伯友河间。银等既破……破贼文书，旧以一为十。及渊上首级，如其实数。太祖问其故，渊曰：‘夫征讨外冠，多其斩获之数者，欲以大武功，且示民听也。河间在封域之内。银等叛逆，虽克捷有功，渊窃耻之’。太祖大悦。”

它揭露了当时战绩统计的秘密，凡破贼文书中的歼敌数字都是“以一当十”。夸大十倍以宣扬武功、鼓励群众。而且是一种“旧例”，汉末以前固有的惯例。国渊上报的只是实数，未加扩大。曹操当然奇怪了。国渊未扩大十倍，是否反对这种旧例呢？不！他只是认为宣传要从实效出发。“内寇”不宜夸大，“内寇”越多，越证明内政不善，人心思叛。夸大战果，政治上不利。如果征讨外寇，国渊并不反对“以一当十”。后人读史应当知这种宣传惯例。

如按此法来研究一些汉末的战役歼敌统计，就会发现一些“以一当十”的实例了。

如有名的官渡之战：《三国志·魏和·武帝纪》记曹操大败袁绍于官渡。“绍及谭弃军走，渡河，追之不及，尽收其辎重图书珍宝，虏其众。”裴松之引《献帝起居注》说：“绍与子轻身逃走，凡斩首七万余级。”又同书《袁绍传》说：“绍众大溃，绍与潭单骑渡河，余众伪降，尽坑之。”裴注引张璠《汉纪》：“杀绍卒凡八万人”。以上两书一说七万，一说八万。而曹军人数则只有“兵不满万、伤者十二三”。即以七八千之众，尽杀所虏袁军七八万人，很不可信。裴松之注中已提出疑问：“诸书皆云公坑绍众八万，或云七万。夫八万人奔散，非八千人所能缚，而绍之大众皆拱手就戮？何缘力能制之，是（曹军）不能甚少。将记述者欲以少见奇、非实录也。”

裴松之指出歼敌七八万人不是实录是正确的。指出曹军偏少也是对的，但忽略了所杀袁军数字是夸大的。汉末人口情况是：大郡六十万，中郡四十万，小郡才二十万。一下杀掉小郡人口总数三分之一，不太可能。

最关键的是袁军的实力很快就恢复了。据《武帝纪》：“次年四月，绍归，复收旧卒，攻定诸叛郡县。”可见袁绍兵卒溃散在外者甚多，并未被曹操杀掉七八万。故可知《献帝起居注》和《汉纪》都是按旧例扩大十倍来计算的。曹军所歼灭袁军当是七八千人。如曹军以不是万人之众能歼敌近万，这也是大胜利了。

我们再用此法来研究另一战役。曹丕（魏文帝）时，张既平定凉州胡人，当时战报的歼敌数字也是“以一当十”的。此处不细述，有兴趣的读者可查看《三国志·魏书·张既传》。

总之，我们读古代的战绩统计时，要经过反复研究，才能得知真相，不致上了古人的当！

关于牧野之战的年代，说法不太统一，大致从公元前 1130 年到公元前 1018 年的说法都有。这场战争又称为“武王伐纣”，是周武王联军与商朝军

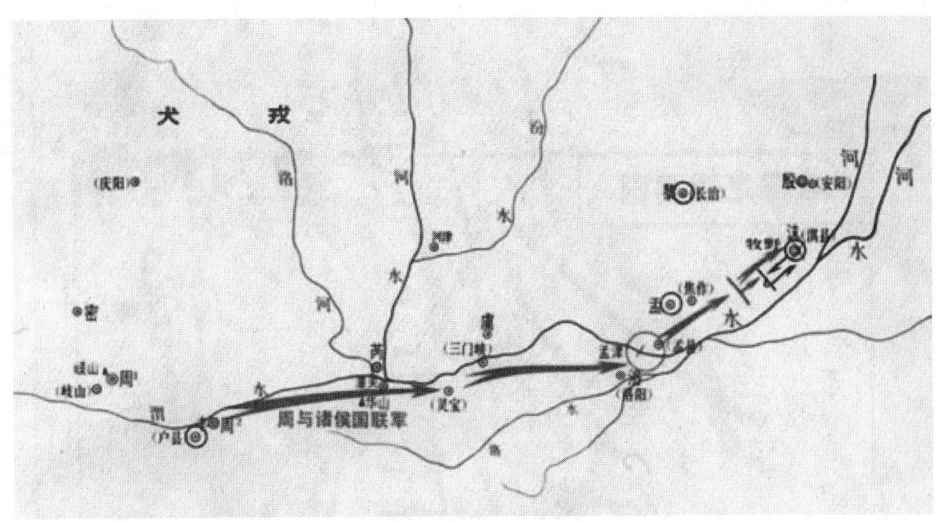

牧野之战要图

队在牧野进行的决战。商纣王是商朝的第 31 位王，王位传至商纣王已是危机四伏，而商纣王本人又穷兵黩武，先征西北的黎，后平东南夷，虽取得胜利，但加剧了社会和阶级矛盾。同时，商纣王骄奢淫逸，宠信爱妃妲己以及飞廉、恶来等一帮佞臣，妄杀王族重臣比干，囚禁箕子，造成诸侯臣属纷纷离叛。在这种情况下，周武王出兵讨伐商纣王，引发了牧野之战。

周本来是渭水中游的一个古老部落，居住于今陕西中部的一些地区，依靠优越的自然环境逐渐发展起来。在周文王时期，就积极筹划伐商事宜，到周武王时，一切准备就绪，于是周武王于公元前 1046 年 1 月亲率战车 300 乘，虎贲（精锐武士）3000 人，以及步兵数万人，出兵东征。

周军抵达孟津的同时，庸、卢、彭、濮、蜀、羌、微、髳等部族的联军也到达那里与周军会合，联军总数达 4.5 万人。联军会合后继续东进，渡河后日夜兼程北上，到百泉（今河南省辉县西北）后折而东行。在联军行至牧野前，周武王庄严誓师，历数商纣王的种种暴行，之后，联军进至牧野。而此时，把大批主力军队投到遥远的东南地区的商纣王，得到消息后一时无法，只好把大批奴隶、战俘武装起来，连同守卫国都的军队一起开赴牧野战场。商军的人数并不少，有记载称是 17 万，也有记载说是 70 万，但不管是哪个数字，其兵力都优于周军。但这支临时组建起来的军队就只占了人数上的优

牧野之战战场图

势，当两军对阵时，周军先由吕尚率数百名精兵上前挑战，只这样就震慑了商军，并冲乱了商军的阵脚。之后，周武王亲率主力跟进冲杀，商军的阵形就被彻底打乱。而且商军中大部分是奴隶和战俘，既无经验，也无斗志，所以没多久就纷纷投降，商军因此迅速溃败。商纣王见大势已去，绝望之中返回朝歌，登上鹿台，自焚而死。就这样，在牧野大战中，周武王大获全胜，在战争史上书写了以少胜多、以弱胜强的精彩一笔。虽然在牧野之战中，周朝并没有将商朝的势力完全消灭，但却终止了商王朝六百年的统治，确立了西周王朝的统治地位，为西周全面兴盛开辟了道路。

荥阳古战场

荥阳市位于河南省中北部，郑州西 15 公里处，是郑州市下属的一个县级市。荥阳北临黄河，地理位置险要，是我国古代著名的军事重镇，因此才有“两京襟带，三秦咽喉”的称号。历史上，有许多著名的战役都发生在荥阳，比如刘邦与项羽以荥阳的鸿沟中分天下，因此象棋上的“楚河汉界”的发源地也在于此；三国时刘关张“三英战吕布”；章邯、吴广、李世民、窦建德和

荥阳玄都观

李自成等历代兵家都曾在荥阳演绎战争大戏。正因为荥阳有如此重要的战略地位，所以两汉时期，荥阳曾与长安、洛阳平级，并赢得“富冠海内”的“天下名都”的赞誉。

除了重要的军事地位，荥阳的文化也源远流长。这里是郑氏和潘氏等姓氏的发源地；这里是大诗人李商隐和著名思想家申不害的家乡；这里是“诗豪”刘禹锡死后的长眠之地；这里是李白、杜甫、王维等著名诗人留下不朽诗篇的地方；这里还是最早的冶铁作坊的诞生地之一。

走在荥阳，我们沉醉于诗词的余韵，我们怀想着战争的硝烟，我们仿佛又回到了春秋争霸的战场，仿佛又听到了那冲杀的号角……

晋、楚争霸中原的邲之战发生于周定王十年（公元前597年），因为泌水入荥阳称“蒗荡渠”，可写作“两棠”，故此战又称作两棠之役。在这场战争中，楚庄王率军在郑地的邲（今河南荥阳东北）大败晋军，取得了重大的胜利。

春秋中期，晋、楚两国的争霸战争一直不曾停息，经过城濮之战和崤之战，两国的战略形势不断地发生变化。特别是在崤之战以后，由晋文公开创的晋、秦联合对楚的局面发生了改变，秦国转而联合楚国来对抗晋国，使晋

国丧失了争霸的优势，而楚国则解除了向中原推进的后顾之忧。从内政上看，晋国由于卿权日重，内政纷乱，国力减弱。而楚庄王在令尹孙叔敖辅佐下，发展生产，整顿政治，实力日益增强。这进一步提高楚庄王问鼎中原的可能，晋、楚两国对中间地带的争夺日益激烈，而正巧处在中间地带的郑国再次成为两国争夺的焦点，楚如果能降服郑国，就能封锁晋国南下之路，进而控制中原，一场新的大战由此酝酿。

周定王十年（公元前597年）春，楚国对郑国进行一次更大的军事打击，目的是使郑降服于楚。这次军事打击进行得很顺利，很快楚军就攻入郑国都城，郑国国君在此情况下向楚请降。楚国接受郑国的投降后，两国结盟，楚军撤出郑国国都，挥师北向，并驻军于郔（在今河南省延津县北）。楚驻军于此，旨在封锁黄河渡口，一则阻止奉命救郑的晋军南下，二则向郑、宋、陈、卫诸国宣示兵威，以掌握战场上的主动权。此时，接到楚国攻打郑国消息的晋国派荀林父统率大军前往救郑，大军行到黄河边上，就接到郑国投降楚国的消息，于是荀林父准备回师晋国。此次出兵，晋国以荀林父统帅中军，先

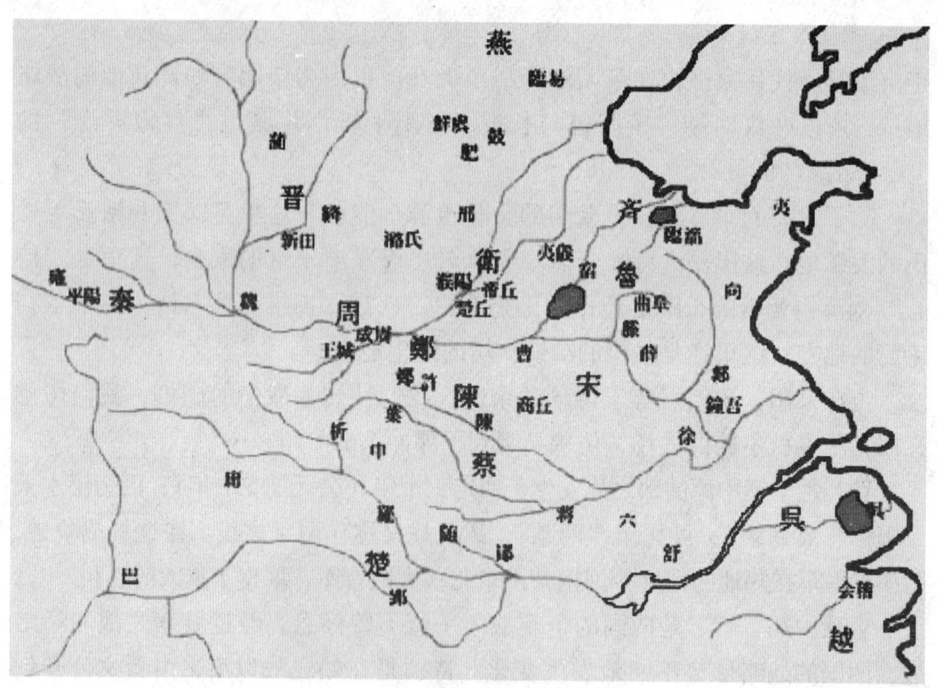

春秋时期疆域图

縠辅佐。士会统率上军，郤克辅佐，赵朔统率下军，栾书辅佐。荀林父虽为中军统帅，但部下并不完全听命于他。就像此时，郑国已经投降楚国，救郑已无必要，荀林父就主张回师，但先縠却主张与楚国决战，而且在没有主帅命令的情况下，擅自行动，带领人马渡过黄河。在这种情况下，荀林父害怕落下“师不用命”的罪名，只得率领大军渡过黄河，在敖、鄗（二山俱在今河南省荥阳县北）扎营。

楚军听说晋军渡过黄河，在内部也就战与和的问题产生了不同意见。令尹孙叔敖主和，觉得伐郑的目的已经达到，没有必要再与晋军作战。伍参主战，他分析了晋军的情况，认为晋军主帅新上任，其属下存在有令不行的情况，这时对晋国作战，一定能取得胜利。而且，自己国家君主在此，见到晋国的臣子不战而退有损威名。楚庄王最终接受了伍参的建议，命令尹调转车头北上，大军驻扎在管（今河南郑州市）地待命。郑国为求生存，希望两强决战，以便择胜而从。特派皇戌为使者，劝晋军对楚作战，说：郑国所以屈

邲城故地

服楚国，是为挽救国家的覆亡，不敢对晋国抱有二心。楚国因屡战屡胜而骄傲了，楚军在外数月，也已疲劳，又不设备，请晋军攻击，郑军愿做帮手，楚军一定失败。对郑国的态度，晋军将佐看法也不同。中军佐先縠主战，认为应该答应郑。下军佐栾书则认为，郑国劝我们交战，我们若胜，他们就会服从我们；我们若败，他们就会服从楚国。不能听郑国的话！而中军元帅荀林父犹豫不能决断。

这时，楚军也派少宰来试探晋国军情，洞悉晋军将帅不和后，又派使者向晋求和。晋军主帅荀林父觉得如果能跟楚国缔结和约，可以体面地班师回朝，于是答应楚国求和的要求。也因为这样，他没有对楚国做出任何的军事防备。没想到，这正中了楚国的计策。在约定会盟日期以后，楚军突遣许伯、乐伯、摄叔驾单车向晋军挑战，逼近晋军，车右摄叔冲进晋军营垒，杀了一个人，并取其左耳，然后活捉一人后又回到本军阵营。楚军求和本为懈怠晋军，现在挑战仍是在试探晋军虚实。晋将魏锜、赵旃因先前求升职不成，对荀林父怀恨在心，想要使晋军失败，于是他们主动请求向楚军请盟。二人走后，上军将、佐士会、郤克指出大军一定要做好迎战准备，否则必然失败。但中军佐先縠拒绝做战斗准备。于是上军将士会命巩朔、韩穿在敖山前设七道伏兵，进行警备。中军大夫赵婴齐派所部在河岸准备了船只。

魏锜、赵旃到楚营并未执行请盟的命令，反而向楚军挑战，赵旃还命部下袭入楚营。楚王指挥左广追逐赵旃，赵旃弃车逃入林中。晋军在魏、赵二人出发后，特派軘车随后迎接。楚将潘党在追击魏锜的道上，望见軘车掀起的飞尘，回营报告说晋军到了。楚令尹孙叔敖担心楚王有闪失，命令全军出动，布成三个方阵向晋军攻击。晋中军帅荀林父见楚军大举来攻，前有强敌，后有黄河，心中慌乱，竟在中军敲响战鼓，命令后退，先渡过黄河的有赏。中、下军于混乱中一起涌向河岸，争船抢渡。先上船的人挥刀乱砍，船中断指之多，竟然可以捧起。

晋军失去统一指挥，在楚军追击之下，溃不成军。而此时，楚右矩追逐晋下军，晋下军大夫荀首因儿子被楚军所虏，率部向楚国反攻，反击中，射杀楚大夫连尹襄老，俘虏楚大夫公子谷臣，荀首的反击虽为救援其子，但在客观上起到了掩护晋中、下军渡河的作用。楚左矩追逐晋上军，晋上军因有战备，从容退去，此役晋仅上军未败。黄昏时，楚军乘胜进驻邲地，因见晋

军大败而逃，不再穷追，而争相渡河的晋军，混乱呼唤之声彻夜不绝。

邲之战以晋军的大溃败而告终，晋军主帅在不利于晋的形势下，虽知不可战，却无力驾驭手下将领，迟疑寡断，和战不决，临战不备，受制于人，以致失败。楚军主帅虽知“可以战”而慎战，既战则力争主动，因情施计以误敌，先发制人以决胜。经此一战，晋国丧失长达数十年的霸主地位，楚国夺得中原霸权。

商丘古战场

商丘市位于河南省最东部，商丘地理位置优越，它处在豫、鲁、苏、皖四省的结合部。东临沿海，隔安徽一角与江苏省的徐州市相望，西与河南省的开封市毗邻，扼守中原，北与山东省的菏泽市搭界，南与河南省的周口市、安徽省的阜阳市、宿州接壤，素有“豫东门户”之称，是重要的物资集散中心和中国东西部地区的衔接处。

商丘地势平坦，只有永城市境内有小面积的孤山残丘。商丘的地势由西北向东南略微倾斜，海拔高度为 30 ~ 70 米。历代由于黄河的多次泛滥和改道，加之长期雨水、风力等自然和人类生产活动的影响，形成了许多沙丘、滩地、背河洼地、湖洼地等相互交错分布的平原地貌。这样的地理位置和地形地貌使商丘成为重要的军事战略之地。

作为中华民族的发祥地之一，商丘可谓历史悠久，人杰地灵，而且有着博大精深、灿烂辉煌的文化。早在传说中的五帝时代，颛顼、帝喾就曾在此建都。公元前 16 世纪商汤灭夏在这里建立商朝，北宋（960—1126 年）时曾作为陪都。商丘古城建于 1511 年，古城外圆内方，风格独特，保存完整，与永城芒砀山西汉（公元前 202 至公元 8 年）王陵墓群同被列为国家重点文物保护单位。商丘还是孔子的祖籍地，庄子的故里，因此在商丘建有孔子还乡祠、庄周陵园等。

燧皇陵

商丘是火的发源地。早在一万年前，燧人氏在这里发明了人工取火，开创了人类文明历史的新纪元，燧人氏被人们誉为火祖，故商丘主火。燧皇陵至今还矗立在商丘大地上。

如今的商丘不仅有古朴秀丽的自然风光，而且是国家历史文化名城、中国优秀旅游城市、国家园林城市、中国金融生态城市、全国创建文明城市工作先进城市。商丘的瓷器雕刻艺术驰名中外，虞城刻瓷形式多样，可以把名人字画真实再现。刻瓷珍品格调高雅，精美绝伦。因为它有较高的艺术欣赏价值和收藏价值，成为国内外艺术市场上的抢手货。

知识链接

古代战场上真实的单挑冲阵

在中国古代的战争中，有一种非常独特的作战方式，叫作“致师”。

所谓致师，就是挑战的意思。两军对垒之际，为了激发己方将士的斗志，派出强壮之人，来到对方的阵营里挑战，用以侮辱激怒敌军，沮灭对方的士气，以便最终战而胜之。

关于“致师”最早的记录，可以追溯到商末的武王伐纣，“诸侯兵会者车四千乘，陈师牧野，帝纣闻武王来，亦发兵七十万人距武王。武王使师尚父与百夫致师，以大卒驰帝纣师。”（《史记·周本纪》）。

尚父，就是姜太公姜子牙，当时已是耄耋老者了，但他仍能手执长戈以犯敌师，鼓舞周军士气，令人佩服。而尚父致师，也正是周军最后能够大胜纣王的一个很重要的因素。

作为著名的古战场之一，在商丘发生的比较著名的战役有公元前 638 年发生的宋楚泓水之战；公元前 607 年，楚郑盟军与宋国的大棘之战；公元前 154 年，梁孝王守睢阳（今商丘）之战；唐朝安史之乱期间的睢阳保卫战；

明崇祯年间，李自成两次攻打归德（今商丘）等。而在这些战争中，《资治通鉴》对唐朝安史之乱期间的睢阳保卫战进行了详细描写。

唐代后期，爆发了安史之乱，导致潼关失守，长安陷落，唐玄宗奔蜀避难。至德二年正月，安庆绪杀了安禄山，自立为帝，然后命尹子奇会合杨朝宗部率兵 13 万进军睢阳。当时的睢阳太守许远向张巡求救，于是张巡率所部进驻睢阳，与许远共同守卫睢阳。在第一回合的对阵中，双方苦战 16 日，每日最多 20

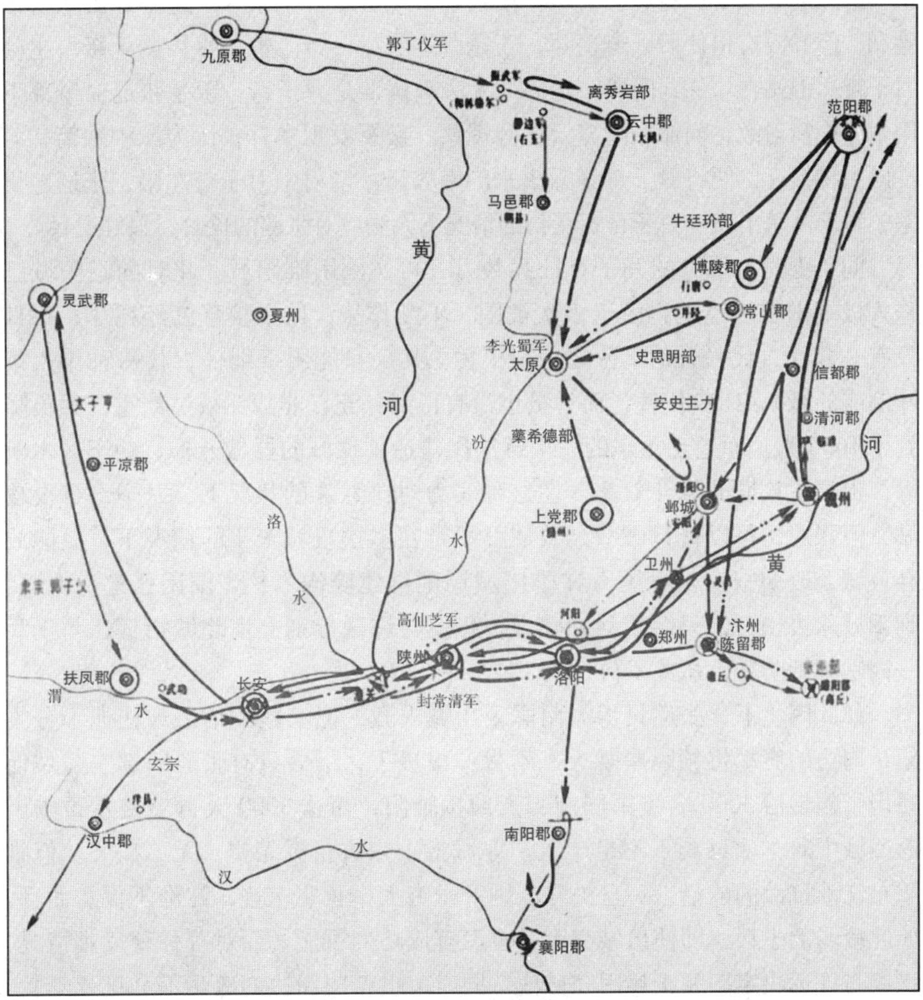

唐平安史之乱要图

余战，张巡擒敌将60余人，杀部卒超过2万，最终迫使尹子奇撤退。

同年三月，张巡谋划反攻陈留，得到消息的尹子奇再度围攻睢阳。在被围期间，张巡多次带领士卒逆击尹子奇，并多次获胜，但尹子奇仍坚持围攻。为了退兵，张巡不断地苦思计策。首先张巡使出一计，他派士兵夜间击鼓，摆出要出战的样子，使叛军全军戒备。到了天亮的时候，张巡反而息鼓寝兵。叛军见城中没了动静，戒备一夜的疲惫袭来，就放松了警戒，纷纷解甲休息。趁此机会，张巡令部下骁将突袭，斩将拔旗，杀死叛军五千余人。这一计虽取得了胜利，但并没有迫使尹子奇退军，于是张巡又生一计。他要直接刺杀叛军主帅尹子奇。但站在城头，距叛军较远，无法辨认谁是尹子奇，于是张巡命令部下用木杆作箭射敌，而命令南霁云在旁观察。叛军发现木杆，认为城中缺箭，急忙向主将报喜，便将尹子奇暴露出来。南霁云一箭射中尹子奇左眼，张巡趁机率领将士冲杀出城。尹子奇在受伤的情况下无法应对张巡的攻击，只好退兵。

同年七月，伤愈的尹子奇征兵数万，再次围困睢阳城。此时的睢阳城已陷入极端困难的境地，由于多次被围，不断作战，城中粮草已经耗尽，每日只有一合（古代一升的十分之一）粮食，其余只能用茶纸（古代一种添入茶叶制成的纸），树皮代替，而兵员也没有得到补充，非战斗减员严重，兵员降到了1600人。而卷土重来的尹子奇这次建造了攻城的器械云梯、钩车、木驴等，提高了攻城的战斗效率。在这种实力对比悬殊的状况下，尹子奇日夜攻城，但张巡每每以奇策破敌，致使尹子奇在多次攻城未果的情况下，只能放弃攻城，改变战略。尹子奇在睢阳城周围修建壕沟木栏，围困张巡。八月，睢阳城除去伤亡，只余残兵600人，张巡与许远分别上南北城指挥，与士兵一同吃茶纸防守，从此不再下城。

如此困境下，张巡只得派南霁云出城求救，但求救的结果却让他十分失望，周边的唐军将领隔岸观火，不肯伸出援手，最后只有张巡旧部宁陵城使廉坦带领最后3000名援军同南霁云回援睢阳，而这3000人再突破重重围困返回城中时，就只剩下不足千人。守城将士知道获援无望，无不痛哭。但睢阳是江淮抗敌的前沿，一旦失守，则尹子奇大军长驱东进，江淮不保。而且，如此疲弱的士兵，即使出城突围，也没有成功的可能。面对着种种危难情况，张巡与许远决定率领士兵固守城池，同时，也希望周边的唐兵不会见死不救，能赶来援助。就这样，城中茶纸吃尽，便吃战马，战马吃尽，便捕捉鼠雀，

最后鼠雀也都被吃尽了……张巡依然没有等到周边的唐兵伸出援手，睢阳城终被攻破，而这时城中就只剩下400人。

城破后，张巡等全部被俘，为免除后患，尹子奇将张巡、南霁云、姚訚等36人杀死，而将许远押解洛阳。可历史往往就是这样莫测，从而让人感伤遗憾，睢阳城破的同时，唐军已经出关进逼东京洛阳，3天后，陷落的睢阳又被唐军收复。

鄢陵古战场

鄢陵地处中原腹地，位于河南省中部，许昌东，黄河南岸，下辖7乡5镇，地理位置优越，交通便利。鄢陵历史悠久，文化灿烂。约8000年前，先民们便在此繁衍生息。西周初年此地被封为鄢国，东周周平王初年改为鄢陵，西汉初年此地置县，至今已有2000多年。历史如此悠久的鄢陵发生过许多著名的历史事件，比如大家所熟知的郑伯克段于鄢、晋楚鄢陵之战、唐雎不辱使命、李白访道安陵（古鄢陵）等。悠久的历史为如今的鄢陵留下了许多文化古迹，比如乾明寺塔、尹宙碑、曹操议事台，曹彰墓、醉翁亭碑、兴国寺塔、甘罗古柏等，这也为古老的鄢陵增添了丰厚的文化底蕴。

鄢陵梅花

知识链接

鄢陵古迹

乾明寺塔

位于河南省许昌市鄢陵县城西北隅。乾明寺始建于隋仁寿四年（604年），北宋时重建，明代重修。从现存的乾明寺塔的结构和形制来看，它是北宋中晚期建筑——六角十三级楼阁式砖塔。塔基由青砖搭建，每层塔檐下均有砖斗拱、券门、假窗和佛龛，塔内有台阶。第二层塔身嵌塔铭，第三层塔身一周嵌琉璃佛像雕砖8块。塔顶为铜质宝珠塔刹，塔前有一块明隆庆元年间的碑刻。

尹宙碑

全称"汉故豫州从事尹君之铭"，碑高2米，宽0.93米，是东汉重要的碑刻。尹宙字周南，为周宣王时尹吉甫的后人，少时治公羊春秋传，曾任守昆阳令，后州辟从事。尹宙碑的碑文就记述了尹宙一家世系及历仕官职，其后附有赞颂铭词。碑文字体方劲古拙，结体疏阔清朗，笔姿秀逸雄浑，是汉隶的代表作之一。该碑于元代皇庆元年（1312年）被鄢陵县达鲁花赤发现，并移置其修建的孔庙。后又没入土中，直至明万历（一说嘉靖）年间洧水泛涨岸崩而再次复出，重置于孔庙。现存尹宙碑碑额已断裂，仅存"从""铭"二字。

兴国寺塔

位于鄢陵县城南5公里马栏镇，以寺而故名。此塔建于宋太平兴国年间，在北伐战争时期，塔的第六层被迫击炮击毁一部分，至1937年寺废塔存，建国后屡经修缮。兴国寺塔，为典型的北宋建筑，砖石结构六角九层楼阁式建筑，高27米，由塔基、塔身、塔刹三部分组成。塔身每层均装饰斗拱、椽檐、绶花，塔檐外伸为1米，有门龛6个。铁质塔刹，塔内中空，原有木棚板，久已无存。

鄢陵的农业自古就十分发达，因为这里地处亚热带和北温带的过渡区，四季分明，光照充足，泉甘土肥，具有得天独厚的地理气候优势。早在盛唐时代，鄢陵境内就出现了大型综合园林植物的栽培，北宋时期更有皇家园林在此落户。李白、苏轼、范仲淹等历史文化名人，曾多次莅鄢寻古赏花，留下千古传诵的绝唱。如今的鄢陵更是全国商品粮生产基地和优质棉生产基地。传承了园林植物栽培的传统，如今花卉栽培依旧是鄢陵的一大特色，素有“花都”“花县”之美称，享有“鄢陵蜡梅冠天下”之美誉，被誉为“中国花木之乡”“中国花木第一县”。

如今，鄢陵是花的世界，草的海洋，树的故乡，鸟的天堂！在现代化发展的大潮中，已然听不到兵器的碰撞和厮杀的呐喊，只有从古战场的遗迹中，我们还能感受到一丝历史的硝烟。

晋楚鄢陵之战发生在公元前575年，是两国争霸战争中继城濮之战、邲之战后第三次，也是两国最后一次主力军队的会战。

春秋时期，各国为争夺霸权而不断征战，在征战当中，晋国与楚国的实力不断加强，渐渐成为对手。公元前575年，晋国出兵伐郑，郑国闻讯立刻向盟国楚国提出救援请求。楚国得到求救讯息后，便命令司马子反率中军、令尹子重率左军、令尹子辛率右军，会同盟军，出兵救郑，与晋军会战于郑国的鄢陵。

此战中，晋军由晋厉公亲统四军，楚、郑联军方面楚共王、郑成公也亲自出征。楚军为攻晋军之不备，特地选了一个用兵所忌讳的日子——6月29，这一天清晨大雾，楚军利用大雾的掩护，突然迫近晋军营垒布阵，在援晋的齐、鲁、宋、卫联军到达之前速战速决。晋军因营前有泥沼，加之楚军逼近，兵车无法出营列阵，处于不利地位。晋军中军将栾书主张固守待援，然而新军将郤至则认为应当出击迎战，并列举楚军的诸多弱点。晋厉公觉得郤至对战场情况条分缕析，非常有道理，于是采纳了他的建议，决定统军迎战。

两军对阵，楚军方面由大宰伯州犁负责“战祷”，楚共王则登上巢车（楼车）观望晋军布阵情况。晋军方面，苗贲皇随侍在晋厉公身侧，与晋厉公一同观望战况。经过分析，苗贲皇建议晋厉公先攻楚之左、右军，后攻中军，晋厉公采纳了这一建议。进攻过程中，晋将魏锜射中楚共王的眼睛。楚共王并未因此退下阵来，反而命令养由基携两支箭射魏锜。养由基一箭射中了吕锜的颈项，使吕锜伏于弓套而死。就这样，双方你来我往，从早晨一直战斗

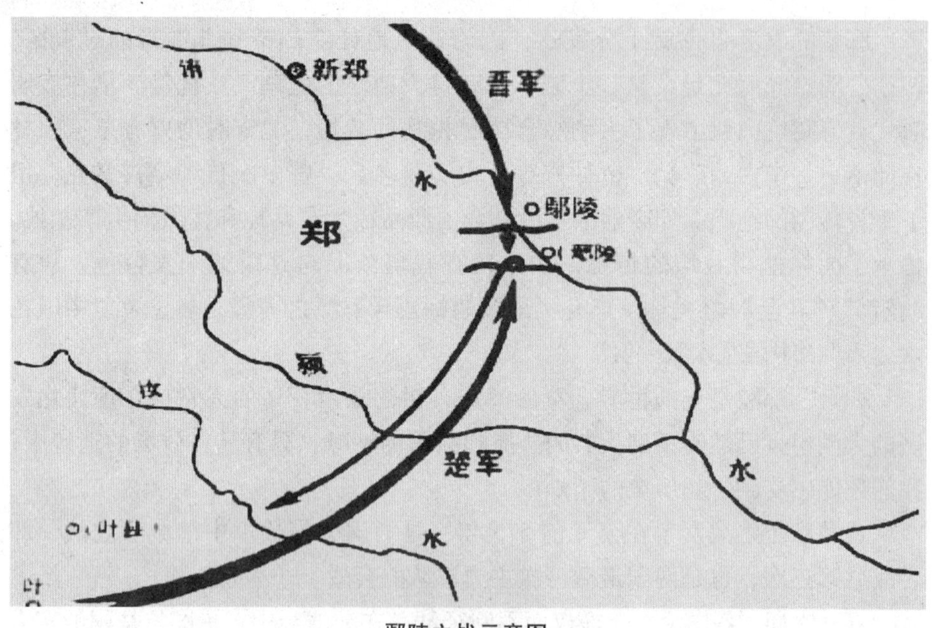

鄢陵之战示意图

到傍晚，虽然楚军略受挫折，但双方却胜负未分。

本来，楚共王已决定第二天再与晋国一决雌雄，但当夜被晋国俘获的楚国俘虏逃回楚营，向楚共王报告了晋军的备战情况。楚共王听完报告后，觉得在晋军已有充分准备的情况下，要战胜晋国实非易事，于是想与子反商量对策，但子反当晚喝醉了酒，无法应召议事。楚共王无奈之下只好引军连夜撤走，遂杀子反。至此，鄢陵之战以楚国的失败而告终，但晋国也并未因此而征服郑国。之后的几年间，晋国又多次伐郑，楚国也多次出兵救郑。经过鄢陵一战，楚国在称霸中原的征战中走向颓势，而晋国虽然凭此一战重整霸业，但也逐渐失去了对中原诸侯的控制能力。

殽山古战场

贾谊在《过秦论》中说道："秦孝公据殽函之固，拥雍州之地，君臣固守，以窥国室"，让很多人对"殽函之固"有所耳闻。这里所说的"殽函"是殽山与函谷关的并称，"殽山"山峰险陡，"函谷"谷深如函。"殽函"之

地，自春秋时代就发生过多次重大战役，到汉武帝时，函谷关更成为关中和关外的界线。春秋时期著名的秦晋“殽之战”就发生在“殽函”之地的崤山，也因为这场战役，使殽山成了古今闻名的古战场。

殽山位于河南省灵宝市陕县南部，是秦岭山脉东段的支脉，隔黄河与山西省的中条山相望，共同构成一段岩石峡谷，三门峡就是其中著名的峡谷之一。殽山向东又延伸出一条余脉，其名为邙山。在《水经注》中曾有记载说：“殽有盘殽、石殽、千殽之山，故名‘三殽’，又分东殽山、西殽山，故名‘二殽’”，因此殽山又称三殽山、二殽山。殽山的主峰是青岗峰，海拔1903米，可见殽山山势极高。不仅如此，自古以险峻闻名的殽山又峻坂迂回，形势险要，既是陕西关中至河南中原的天然屏障，又是黄河与其支流洛河的分水岭。登殽山北眺，黄河谷深流急，蔚为壮观。殽山中有南、北二殽道，亦称南陵、北陵。南陵有夏后皋之墓，北陵有周文王避风雨台遗址。殽山中还有太初宫、鸡鸣台、瞻紫楼等名胜古迹和风景点。

著名的殽之战发生于周襄王二十六年（公元前627年），是晋襄公率军在

殽山山脉

晋国殽山隘道全歼秦军的重要伏击歼灭战。

春秋时期，作为大国，秦国一直图谋向东发展，争霸中原。在秦国争霸中原的计划中，晋国原本是它为实现目标而寻求的盟国，秦、晋两国的关系一度十分友好。但在周襄王二十二年（公元前630年），晋文公会同秦穆公围攻郑国，讨伐郑国对晋怀有二心。结果在烛之武的游说之下，秦穆公不但不再助晋灭郑，反而与郑国单独结了盟，并留下杞子、逢孙、扬孙三位大夫助郑戍守，自己则率兵归国了。秦军临阵倒戈，使晋国不得不暂时放弃攻打郑国，这样的结果，为秦、晋交兵种下了远因。

周襄王二十四年（公元前628年），郑文公、晋文公先后谢世。这时，当年被派戍守郑国的秦大夫杞子觉得这是个与秦军里应外合消灭郑国的绝好时机，于是向秦穆公提出攻郑的建议。这个建议正符合秦穆公向东谋求发展的心意，于是秦穆公不顾大夫蹇叔的反对意见，毅然命令孟明视、西乞术、白乙丙三帅率兵东进。秦军的这次军事行动是十分冒险的，一来秦郑两国距离遥远，二来这一路上要经过数道险关要塞。但秦军对此并未放在心上，而且在经过王都洛邑北门时还常常表现得轻佻无礼。当秦军行抵滑国（在今河南偃师县之缑氏镇）时，遇到郑国到周做生意的商人弦高。弦高见状，一面以郑君名义献十二头牛犒劳秦军，另一面派人乘传车急忙回国内报告。郑穆公获得弦高报告，立即派人去探察秦将所居的馆舍，见秦兵已做好了作战准备。于是，郑穆公派大夫皇武子辞谢秦将。秦将见机密已经泄露，连忙逃走。秦帅孟明视得知郑国已经有所准备，而且本国内应已经逃走，知道再攻郑国已无取胜的把握，就决定不再进兵攻郑，转而将兵锋指向滑国，袭灭滑国后，带着丰厚的战利品准备归国。

夏后皋墓

此时的晋国正在国丧期间，得到秦国偷袭郑国的情报后，中军帅先轸力主攻击秦国。先轸认为秦穆公贪婪兴师，不听大臣忠告，正是给晋国提供了进军攻打它的好时机。大夫栾枝则认为没有报答秦穆公赐给的恩惠，反而攻击他的军队，

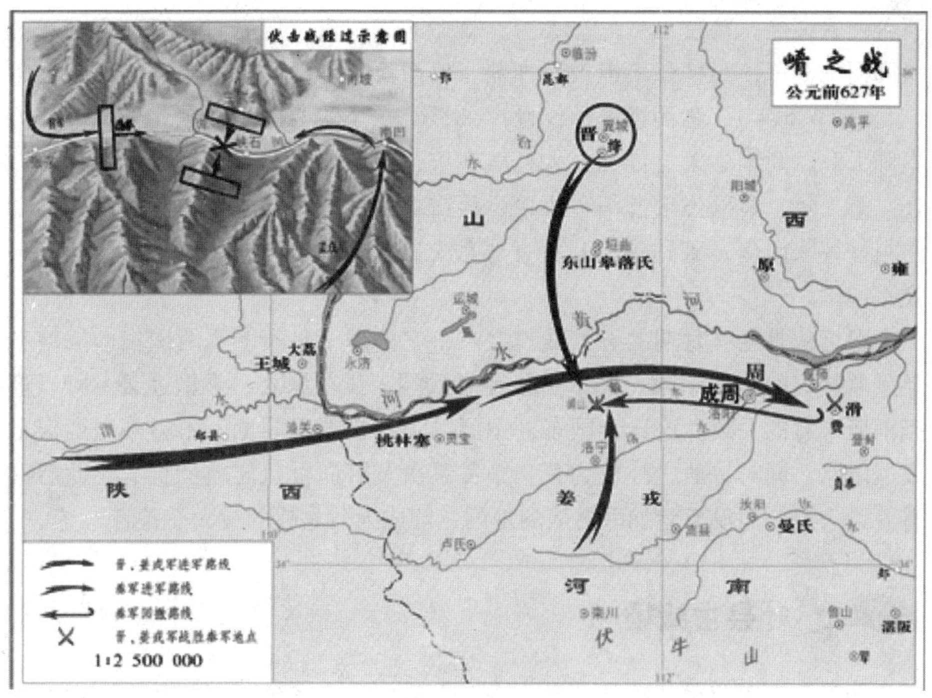

殽之战示意图

这不是为先君着想。而先轸却认为秦国完全不考虑晋国正在国丧期间，举兵攻打晋国的盟国郑国，这已经很无礼了，而且今日放弃攻打秦国，必是纵虎归山，会给晋国的子孙留下祸患。晋襄公觉得先轸说得有理，于是采纳了先轸建议，联合姜戎发兵击秦。

晋与姜戎的联军到达殽山，并在东、西殽山之间设下埋伏。联军由晋襄公亲自督军，梁弘为他驾车，莱驹做车右。设好埋伏后，联军就静待秦军投入罗网。秦军攻打滑国得胜，此时重返殽山，不知敌情，所以疏于戒备，很快就全部进入联军的伏击地域。晋军见秦军已全部进入伏击地域，立即封锁峡谷两头，突然发起猛攻。晋襄公身穿丧服亲自督战，更鼓舞了将士的士气，他们个个奋勇杀敌，争相进攻。突然陷入重围的秦军，处于隘道之中，进退不能，很快就被全部歼灭，孟明视、西乞术、白乙丙等三帅被俘，晋军全胜而归。

至此秦晋殽之战已然落幕，但殽之战的余波并未平息。晋襄公在嫡母文嬴（文公夫人）的请求下释放了秦国的三位主帅，这让先轸非常气愤，责备

襄公处置失当。襄公也觉后患无穷，就命人去追击，但为时已晚。孟明视等三帅回到秦国，秦穆公不但没有加罪，反而更加信任重用。周襄王二十七年（公元前625年），孟明视率师伐晋，在彭衙（今陕西白水县东北）大战，但秦师失利。同年冬天，晋大夫先且居率宋、陈、郑联军伐秦，取汪及彭衙而还。第二年，秦穆公亲自率军伐晋，兵锋直达绛都之郊。晋军坚守不出，秦军只好掉头向南，到达殽山，掩埋了殽之战中战死此处的秦军士兵尸骨后，撤军回国。

殽之战是春秋时期的五大战役之一，它的爆发是秦、晋两国根本战略利益矛盾冲突的必然结果。秦军由于轻启兵端，孤军深入，千里远袭，所以遭到前所未有的失败。这让秦国东进中原的道路被晋国阻断，不得不向西谋求发展之路。同时，殽之战成为晋、秦关系由友好向世仇转轨的标志。此后秦晋互为大患，而没有参加殽之战的楚国，却成为殽之战的最大受益者。

叶县古战场

叶县是我国著名的岩盐之都、全国商品粮生产基地、河南省十大古城之一。它位于河南省中部偏西南的平顶山市，地处黄淮平原与伏牛山余脉结合部，南襄隘道北口。叶县所辖行政区版图，形似一个规则三角形，呈西南东北走向，辖区内大部分是平原和洼地，其余部分为丘陵和山地，除此之外，叶县还有六大河流，分别为汝河、沙河、灰河、湛河、澧河和甘江河。

叶县古称昆阳，有非常悠久的历史，可上溯到石器时代。夏朝时叶县属豫州地，商、周为应侯国。春秋初期，楚灭应置叶邑。春秋晚期为许国国都。战国中期被魏国占据，在叶邑北置昆阳，秦置昆阳、叶阳二县。汉改为叶县、昆阳。晋至唐，二县时分时合。至唐废二县设立叶县。元、明、清属南阳府，1983年9月划归平顶山市。

叶县县衙全景

叶县不但历史悠久，而且有着灿烂的文化。这里是叶姓始祖沈诸梁的封地。叶公沈诸梁在治叶期间兴修的水利工程——东、西二陂，至今遗址仍存；孔子周游列国时曾在叶县留下大量的遗迹；因为处在南北文化的结合部，因此叶县境内有10多处仰韶文化遗址；因为是重要的军事重镇，因此有10余座古城遗址，如霸王城、定南县城、叶邑古城、毋霸城、汝坟县城、红阳县城等；除此之外还有叶公问政处、叶公墓、石门山、老县衙、文庙、澧河桥、昆阳古战场等名胜古迹；李白、黄庭坚等诸多历史文化名人，或为官于此，或游历于此，留下了广为传颂的不朽佳话和精美诗篇；叶县文化局保存的宋代书法四大家之一黄庭坚的行书《幽兰赋》十二通碑刻，可谓是全国独秀。

知识链接

黄庭坚的行书《幽兰赋》十二通碑刻

《幽兰赋》是唐代韩伯庸所作。该文文辞华美，音韵铿锵，以物寓志，文情并茂。

黄庭坚的行书《幽兰赋》十二通碑刻

黄庭坚所书的《幽兰赋》碑刻共12通，每通高2.08米，宽0.60米，厚0.18米，现存于河南叶县县衙博物馆。

北宋皇帝宋神宗十分欣赏唐代诗人韩伯庸写的《幽兰赋》，于是令当朝大书法家黄庭坚全文书写。黄庭坚所书的《幽兰赋》以颜体为基本架构，辅以《兰亭》笔意，将笔画延长，在这395字中，有的字体中宫紧缩，笔触向四维扩张呈辐射状，显得剑拔弩张，无所顾忌，奇奥道炼，放纵横丽。在整体布局上，大的大、小的小，犹如乱石铺路，错落自然，妙趣天成，以攲带平，以锐兼钝，散而不乱。

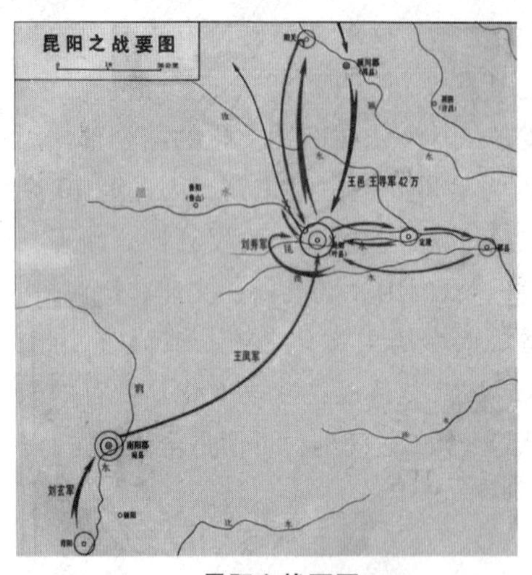

昆阳之战要图

与厚重的历史文化相辉映，叶县的风光景物也十分秀丽宜人。境内的伏牛山水、桐柏山水，风景旖旎，魅力独特；燕山水库、石门水库、望夫石山耀眼夺目，璀璨迷人；千年银杏、井冈竹园生机勃勃，绿意无限；沙河碧水烟雨迷蒙、诗情画意……在一处处景观的装点下，叶县如流光溢彩的玉盘，吸引着众人的目光。

叶县地处南通云贵、北达幽燕的交通要道，是历代兵家的必争之地，著名的昆阳之战就发生在这里。昆阳之战是新朝末年，新汉两军在中原地区进行的一场战略决战，决定了新汉两军的命运和未来中原王朝数百年的国运。

王莽称帝以后，面临着两大军事集团的威胁，一是北方樊崇的赤眉军，赤眉军以红色涂眉为识别。二是王匡、王凤领导的聚与绿林山（今湖北当阳）的绿林军。赤眉军声势浩大，起义军几乎遍布北方各州郡，所以王莽便把进攻的重点放在围剿北方的赤眉军上。太师王匡、更始将军廉丹率10余万精兵奉王莽之命到北方与赤眉军作战。可当南方的绿林军歼灭了甄阜、梁丘赐军，击败严尤、陈茂于南阳城下，接着刘玄称帝，公开提出恢复汉朝，建立更始政权之后，王莽突然意识到南方的绿林起义军对新莽政权的压力更大。在这种情况下，王莽决定转移战略重心，把进攻赤眉军的主力和从各郡紧急征调的兵力都投入攻击绿林军上，并准备彻底消灭绿林军。

王莽任命大司空王邑和司徒王寻为统帅；征调精通63家兵法的人，充当军中的参谋；任用长人巨毋霸为垒尉，专门负责构筑营垒；将虎、豹、犀牛、象等凶猛野兽圈至军内饲养，以便在作战时放出来，震撼敌人。准备工作完成之后，征调的各郡兵马也汇集到了洛阳，于是，实有42万兵力而号称百万的新莽军浩浩荡荡地向颍川开进。在颍川又会合了严尤、陈茂的部队，随即向昆阳方向进击。

这时，汉将王凤与太常偏将军刘秀等在昆阳、定陵、郾城一带进击顺利；

王常指挥的部队在汝南等地也连连获胜。接到新莽军袭向昆阳的消息，王凤、王常、刘秀等率领近万人的部队占据了昆阳城。这时绿林军的另一支部队正在围攻守卫宛城的新莽军，胜负未见分晓，但宛城已是兵少食尽，内无斗志，外无救兵，形势对新莽军极为不利。而昆阳方面，由于新莽军从配备上占绝对优势，所以王凤等绿林军将领对此战缺乏坚定的信心，只有刘秀不畏新莽军，坚决主战，所以在关键时刻，刘秀成了绿林军对抗新莽军的重要决策人物。

新地皇四年（公元 23 年）五月，新莽军陆续到达昆阳，统帅王邑立即下令围攻昆阳（今河南叶县）。在此之前，新莽军中的纳言将军严尤曾与绿林军的王凤等部对阵过，但遭到了失败，于是严尤根据以往作战的失利教训，认为不可把兵力用于昆阳这个既坚固又无碍大局的小城，大军应当直趋宛城，击破围攻宛城的汉军，这样昆阳就会不攻自破。但既无战略眼光，又不深思熟虑的王邑根本听不进严尤的建议，还狂妄地想破城杀尽城内的军民，以彰显新莽军的威风。虽然先期到达昆阳的新莽军只有 10 万人，但王邑仍然坚持围攻昆阳。

昆阳城中的绿林军（汉军）只有约 1 万人，与新莽军实力对比悬殊，很多人信心不足，包括主将王凤、王常等。刘秀看到这种情况，分析了敌情，并向大家表示只有大家协同作战，上下一心才能保存实力，否则必被各个歼灭。王凤等人本来看不起刘秀，对刘秀的教训自然十分不满，但城外大兵压境，自己又无取胜的方法和信心，于是不得不请刘秀制定破敌之策。刘秀以王凤和廷尉大将军王常率人坚守昆阳城，自己当夜和宗佻、李轶等 13 骑，出昆阳城南门到外面去调集部队，准备对新莽军实行内外夹攻，以求破敌。

刘秀等出城后，留守昆阳的将士就遭受了新莽大军的强力攻击。莽军为了显示其作战威力，把昆阳包围 10 层以上，设置了 100 多座军营，军旗遍野，锣鼓之声于数十里之外都可以听到。莽军挖地道，使用冲车和棚车攻城，集中了所有的机弩向城内狂射，箭矢像雨水倾泻。城中的军民不能外出行动，连出门打水也要头顶门板，以防中箭。艰苦的战斗使本就不够坚定的王凤等人又动摇了，他们想向莽军投降。但王邑、王寻认为昆阳小城已指日可下，不许他们投降，否则，便不算建功立业。投降遭拒反而教育了绿林军将士，他们明白敌人的真正目的是在于消灭他们，投降是没有出路的，昆阳之战乃是生死存亡之役，只有团结一致，坚决与敌人决一死战，才能有希望获取胜

利，求得生存。于是，城内的汉军军民并肩战斗，一次次地打退新莽军队的强攻。新莽军方面，严尤看到以己方绝对优势兵力却难以在短期内攻下昆阳，就建议王邑放走一些昆阳的敌兵，让他们传播失败的消息，以震撼宛城之敌。但王邑仍然一意孤行，继续加紧硬攻昆阳。

出城搬救兵的刘秀、李轶等13人一开始进展并不顺利，定陵、郾城等地的绿林军因一些将领贪惜自己的财物，不愿赴昆阳增援。刘秀对他们晓以大义，让他们明白只有取得昆阳之战的胜利才能保住现有的财物，甚至得到更多的财物。在刘秀的不断争取下，定陵、郾城等地的绿林军跟着刘秀、李轶等一齐向昆阳地区开进。五月底，宛城莽军已投降汉军。六月初一，李轶、刘秀所率之定陵、郾城等地的汉军到达昆阳地区。刘秀为鼓舞大家的斗志，自率步骑兵1000多人为前锋，李轶率主力跟进，刘秀亲自率领人马冲杀，斩莽军几十个人，极大地鼓舞了绿林军的士气。接着刘秀又率领将士再行向莽军攻击，莽军被打得大败，刘秀军斩杀莽军近千人。刘秀率兵连着打了几次胜仗，大大挫伤了王邑、王寻的锐气。为了进一步瓦解莽军的战斗士气，鼓舞昆阳城内汉军军民的斗志，刘秀指挥手下故意渲染宛城汉军的胜利。新莽军将士看到，一个小小昆阳，大兵压境，苦战1个多月，都没能攻破，如若再加上宛城的10万汉军，则更无法对付，这让新莽军开始恐慌，战斗意志也受到了极大的影响。

一日，刘秀亲自率3000人的敢死队自城西冲击敌人的中坚。王邑、王寻轻视刘秀，自以为很容易打败刘秀。因而，他们只率领万余人巡视阵地，命令各营严格管束自己的部队，没有命令，不准擅自出兵。没想到，这万余人根本不是刘秀敢死队的对手，莽军的阵势很快就被刘秀军击破，士卒混乱溃逃。而新莽军其余部队因为王邑的命令又不敢轻举妄动，因此当刘秀率领汉军又一次奋勇冲击时，王邑、王寻的部队被击垮，王寻被斩杀，这让新莽军立刻处在混乱之中。昆阳城内的汉军看到刘秀等人所率的敢死队取得胜利，也大喊着冲杀之声，冲出城门，内外夹攻莽军，杀声震天动地，王邑的42万大军迅速土崩瓦解。本来，新莽军中有许多士兵就是被强迫征来的贫苦百姓，他们早已对王莽政权痛恨至极，禁不起起义军内外夹攻，弃阵而逃。溃逃的莽兵相互推挤踩踏，伏尸百余里。这时，天公也来帮忙，雷雨大作，使新莽军随队的虎豹都吓得发抖，莽军士卒掉入水中淹死的有万余人。只有王邑、

严尤、陈茂等人踏着死尸得以渡河逃脱。

至此，绿林军（汉军）获得了昆阳大战的胜利，而且缴获了大量的军用物资。而得到昆阳惨败消息的王莽异常震惊，他赖以抵抗农民起义军的基本武装力量冰消瓦解，让整个朝廷感到惊恐。而刘秀为绿林军（汉军）的胜利，立下了极大的功劳。昆阳保卫战之后，绿林军（汉军）内部将领之间的矛盾激化。刘玄在农民将领李轶、朱鲔等人的支持下，将对自己威胁最大的刘縯及其部将刘稷处死。刘秀表面无所举动，暗中却窥测时机，积蓄力量，为日后缔造东汉王朝开辟了道路。

汝南古战场

汝南即今河南省汝南县，古属豫州，自春秋战国时代有建制，距今已有2700多年的历史。古时豫州为九州之中，汝南又居豫州之中，故有“天中”之称。自秦、汉至明、清，汝南一直是郡、州、军、府治所，为八方辐辏之地，又因它有“负山面淮，控扼颍蔡”之险，因此是历代兵家必争之地。

因为地理位置重要，因此为汝南留下了灿烂的文化和繁多的文物，被国务院批准为对外开放县，被河南省政府确定为历史文化名城。汝南有碧波万顷，风景如画的宿鸭湖，是全国最大的平原人工水库；有宝刹雄伟，琳宫璀璨南海禅寺，是亚洲最大的寺院；有天下之最中的标志物天中山，它也是中国古代地理中心和校核时间的地方，山上有唐代大书法家颜真卿亲书的“天中山”碑刻，山南有李愬“竹击鹅鸭，以乱军声”的鹅鸭池；有西汉名士费长房遇仙的壶仙观；有牛皋大战金兵，打金朝名将兀术于马下的兀术落遗址；除此之外，汝南还

南海禅寺

是梁祝爱情故事的发祥地，缠绵凄婉，源远流长的爱情为曾经金戈铁马的汝南平添了一丝温婉柔情。

如今的汝南虽历经沧桑，但那58处名人墓冢，88处寺庙楼阁，91处亭阁楼堂，115座远近坊表存留至今，依旧见证着历史的足迹。

作为古战场，汝南较为有名的大战有南北朝时北魏与刘宋政权的悬瓠（今河南汝南南）之战。此次大战，宋军以少胜多，但北魏军也并未因此而退却，可以说悬瓠之战奠定了南北朝的对峙局面；唐末，李愬雪夜奇袭蔡州（今河南汝南），活捉吴元济的奇袭战，为唐朝的重新统一奠定了基础；公元1234年，宋蒙联军灭金之战；1601年，闯王李自成威震中原的汝宁府之战等。

说起李愬雪夜奇袭蔡州，我们就要将历史回溯到唐末。唐朝末年，藩镇割据。唐元和九年（814年）闰八月，彰义军（淮西）节度使吴少阳死，子吴元济为帅。当时的淮西一镇仅有蔡（今河南汝南）、申（今河南信阳）、光（今河南潢川）三州之地，周围都是唐朝州县，势孤力单。一直有志于削藩的唐宪宗先后派严绶、韩弘作招抚使，对淮西用兵。到韩弘作招抚使时，因为他养寇自重，各路征讨大军只能各自为战。东、北、南三路大军在各自将领的指挥下，都取得了一定的胜利，只有西路大军节节溃败。唐宪宗随即以名将李晟之子李愬为唐、隋、邓节度使。

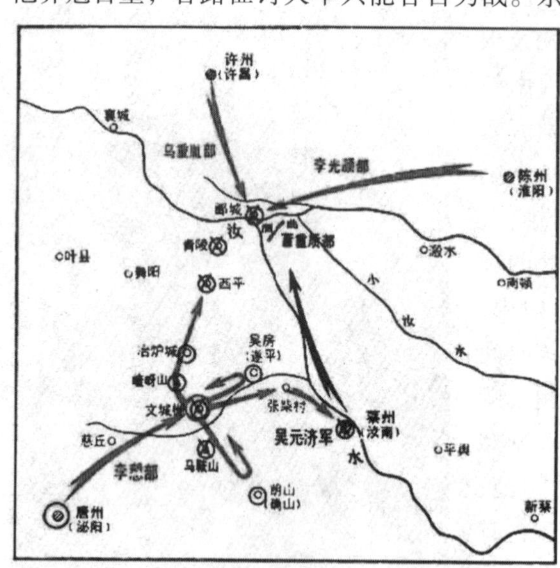

李愬袭蔡州之战

元和十二年（817年），讨伐淮西的战事进入了关键的一年。五月，北路李光颜率唐军进至郾城，击败淮西兵3万，歼灭十之二三。郾城令董昌龄、守将邓怀金举城降唐。吴元济得知郾城不守，十分恐慌，将亲兵及蔡州守军全部调往北线，以增

援董重质防守的洄曲。淮西军的主力和精锐都被吸引到了北线。这就为西路唐军奇袭蔡州创造了条件。六月，吴元济见败局已定，上表请罪，愿束身归朝，但却被手下大将挟制，无法归朝。七月，裴度奉唐宪宗之命赴前线督战，发现宦官监阵对征讨十分不利，于是上书请宪宗去除诸道监阵中使，得到应允。此后，将士可放开手脚，多有战功，李愬因此也就得以不受阻拦地发挥其才能。李愬抵达唐州（今河南泌阳）后，采取了种种措施和行动：慰问将士，抚恤伤员；故意示弱，麻痹敌军；请调2000步骑；安置淮西因战事逃荒的百姓5000余户；优待俘虏，重用降将……这些都为奇袭的成功奠定了基础。特别是优待俘虏一项，使淮西将士降者络绎于道，很多降后受到重用的将士都积极为李愬出谋划策。同时，为了孤立蔡州，李愬出兵扫平周边，与北线郾城一带的唐军兵势相接，连成一气，同时又切断了蔡州与申、光二州的联系，并率主力进驻距蔡州仅65公里的文城栅，将那里作为奇袭蔡州的基地。

李愬　　　　裴度

十月，一切奇袭准备均已妥当，时机已经成熟。十日，李愬利用风雪交加，敌军放松警戒，利于奇袭的天气，命史旻留镇文城，命李佑等率训练有素的敢死队3000人为前锋，自己与监军将3000人为中军，命李进城率3000人殿后。军队的行动十分秘密，除个别将领外，全军上下均不知行军的目的地和任务。李愬只下令说向东。东行30公里后，唐军在夜间抵达张柴村，乘守军不备，全歼包括负责烽燧报警士卒在内的守军。待全军稍事休整和进食后，李愬留500人守城栅，防备朗山方向之敌，另以500人切断通往洄曲和其他方向的桥梁，并下令全军立即开拔。诸将问军队开往何处，李愬才宣布说，入蔡州直取吴元济。诸将闻听皆大惊失色，但军令如山，众将只得率部向东南方向急进。夜半，雪越下越大，唐军强行军70余里抵达蔡州。近城处有池塘，李愬令士卒驱打鸡鸭令其鸣叫以掩盖行军声。自从吴少诚抗拒朝命，唐军已有30余年未到蔡州城下，所以蔡州人毫无戒备，未发现唐军的行动。四更时，李愬军到达蔡州城下，守城者仍未发觉。李佑、李忠义在城墙上掘土为坎，身先士卒，登上外城城头，杀死熟睡中的守门士卒，只留下巡夜者，让他们照常击柝报更，以免惊动敌人。李佑等既已得手，便打开城门，迎纳大唐军。接着，又依法袭取内城。鸡鸣时分，雪渐止，李愬进至吴元济外宅。这时，有人觉察情形有异，急告吴元济，吴元济却不以为意，直到起床后，听到唐军传令，响应者近万人，吴元济才有惧意，率左右登牙城抗拒。十二日，李愬攻入牙城，吴元济投降。申、光二州及诸镇兵 2 万余人亦相继降唐，淮西遂平。

李愬奇袭蔡州，活捉吴元济，一方面证明自己治军有方，能得士心，明于知人，见可能断；另一方面为结束唐末藩镇叛乱打下了基础，淮西平定后，各藩镇恐惧不安，纷纷上表归顺，少数不肯归顺的也很快被扫平。因而，淮西平定不久，藩镇割据的局面就告结束，唐朝又恢复了统一。

第三节 淮海鏖兵——安徽地区古战场

灵璧垓下古战场

垓下古战场，被誉为世界七大古战场之一，是秦末楚汉相争时项羽与刘邦决战的地方，俗称霸王遗址，现在叫霸王城，位于今天安徽省宿州市灵璧县城东南沱河北岸的韦集镇垓下村一带，而垓下村就是两千多年前的霸王古城，而整个古战场的范围应该是以此为中心，分布于现在的泗县、灵璧、五河、固镇等县交界处的方圆百余平方公里的广大地域上。也因为垓下古战场的范围广泛，所以在以上各县都有“霸王城”，这些县的县志也都有垓下之战

垓下遗址

的记载。而灵璧县境内不仅有“霸王城”，附近还有韩信吹箫台，虞姬墓等。目前史学界已基本认定：现实中的“垓下村”就是历史上的“垓下”，安徽固镇垓下大汶口文化城址入选全国十大考古新发现，佐证了垓下城的具体位置。

垓下遗址是一处十分重要的古代城址，包括新石器时代晚期和秦汉两个时期的文化遗存。遗址包括城垣、城门、护城河、道路和排水系统；夯土建筑基址、窑址、活动场所；红烧土遗迹、水井、灰坑等重要遗存；出土了石器、陶器、铜器、铁器和钱币等各类器物170余件，以新石器时代和秦汉时期的陶器居多。霸王城位于濠城镇北侧，紧临沱河（古洨水），是垓下遗址的核心保护区，该城为一椭圆形的汉代城池，占地近30万平方米，虽经2000多年的风摧雨浸，城墙仍高出地表2.5～4米。垓下霸王城呈不太规则的四方形，大多数地段的城垣仍耸立在地面，保存完好，城的拐角处均构筑成弧形。城北濒临沱河（古称洨水），城东、南、西三面开掘有护城河。当初的霸王城其实是一座土筑的营垒，地势偏高，四面环水，作为军事要塞易守难攻。据当地人说，以往每当大雨过后，在土城的周围常有残剑和箭簇露出地面。可见这里当年的战斗规模之大。

垓下之战发生在汉高帝五年（公元前202年）十二月，是楚汉两军在垓下（今安徽灵璧东南沱河北岸）进行的一场战略决战。

虞姬墓

项羽与刘邦订立和约后，立即率军东归。刘邦也打算西撤，但张良、陈平一致反对，认为现在汉已有半壁江山，而且天下诸侯都归附于汉，而楚此时兵疲食尽，这正是消灭楚国的良好时机，如果此时不灭楚，将来定会养虎遗患。于是

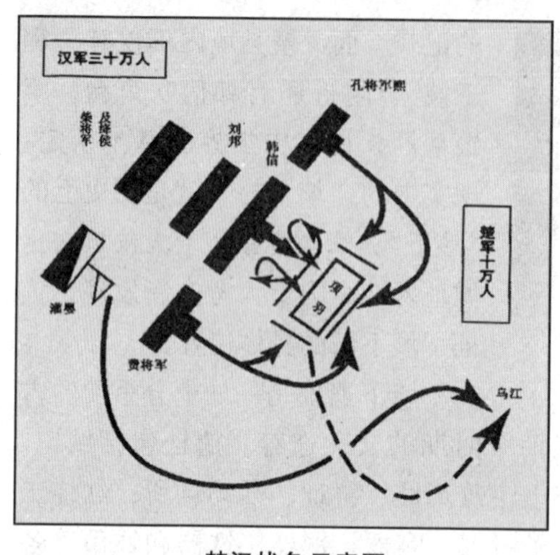

楚汉战争示意图

刘邦决定毁约追击楚军，并命韩信、彭越南下会师，合力攻楚。

最开始的追击进攻并不顺利。在固陵（今河南淮阳北），楚军返身发动突然进攻，汉军兵力不支，只好固守待援。但项羽却未能乘胜扩大战果，这让刘邦有了喘息的机会，也等到了韩信、彭越的援军。之后韩信引兵进占彭城，同时攻下楚地许多地区。被刘邦封为淮南王的英布也遣将进入九江地区，诱降了守将、楚大司马周殷，随后合军北上进攻城父（今安徽涡阳东）。刘邦也由固陵东进，形势对楚极为不利，项羽被迫向东南撤退。

十一月，项羽退到垓下，筑垒安营，整顿部队，恢复军力，此时楚军尚有约 10 万人。十二月，刘邦、韩信、彭越、英布四路大军会师垓下。韩信兵力 30 万，分三路首先与楚军开战。韩信居中路，进攻失利，向后退却，同时命左右两翼投入战斗，楚军受挫，韩信又返身冲杀，三路合击，楚军大败，项羽被迫进入灵璧县城而守。韩信遂指挥各路大军将楚军重重包围，楚军屡战不胜，但汉军一时也难以彻底打败楚军。此时，楚军处于绝对劣势，进不可攻，人不可守，退不可逃，困守垓下又后勤断绝，无粮草补给。在这种情况下，项羽不得已发动了反击。

当韩信率部向楚军发动挑衅性进攻时，项羽立刻率 10 万楚军发动中央突破作战，骑兵在前、步兵在后，矛头直指韩信本部。韩信不与项羽正面交锋，而是以 30 万大军为掩护指挥部和刘邦的本部人马且战且退。项羽亲自率领楚军穷追猛打，目的是直逼韩信本人。但韩信却始终不肯露面，他一方面指挥 30 万主力大军后撤，另一方面指挥左右两军自楚军左右两侧迂回作战，威胁楚军侧翼。就这样，经过半日厮杀，项羽不但没能突破汉军阵线，还使自己队伍的前后距离明显拉大，以致队形越来越散、越拉越长，首尾不能相顾。渐渐地，前后部队失去了互相配合的能力。

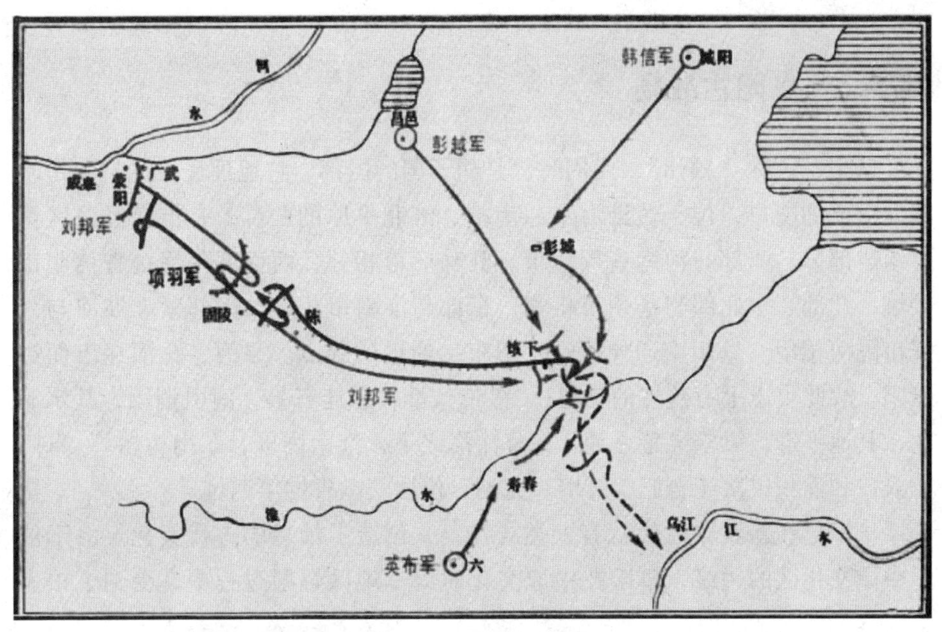

汉军追击时期作战经过示意图

战至下午，完成前后夹击之势的汉军，首先由左右军发动了对楚军后方侧翼的进攻。汉军以紧密的阵形两面压来，迅速合围了落在后面的楚军步兵。楚军将士殊死抵抗，但已经被分成步兵、骑兵两部分的楚军，攻势很快就被钳制。项羽不得已，只好率残存骑兵回师救援步兵。这时韩信组织汉军中军的全部力量投入反冲击，向项羽和楚军直扑而去。在数十万汉军的前后夹击下，项羽知道情势不妙，立刻率全军向反方向突围，冲开汉左右军的包围，退回营中。随后，韩信率领全军收拢此前被楚军冲散的部队全数压上，彻底包围了楚军大营。

此战，楚军四万余人阵亡，两万人被俘，两万人被打散后被汉军全歼，逃回营垒的只有不到两万伤兵。垓下决战至此结束，但项羽的灭亡之路才刚刚开始，接下来张良用计，迫使项羽弃营夜逃，逃至乌江边，800 精锐骑兵仅剩 28 骑。最后，自觉无颜见江东父老的楚霸王自刎于乌江岸边。历时四年的楚汉相争落下帷幕，刘邦大获全胜。

阜阳古战场

阜阳，古称“颍州”，西周时曾是胡子国的国都。它地理位置优越，是皖西北重要的门户，位于黄淮海平原南端、淮北平原的西部，是淮海经济区重要组成部分。西部与河南省周口市、驻马店市相邻，西南部与河南省信阳市接壤，北部、东北部与亳州市毗邻，东部与淮南市相连，南部紧靠淮河与六安市隔河相望。阜阳交通便捷，是华东二通道的起点。泉河、颍河穿市而过阜阳。故此史志上有这样的描述：“襟带长淮，东连三吴，南引荆汝，其水洄曲，其地平舒，梁宋吴楚之冲，齐鲁汴洛之道，淮南内屏，东南枢辖。”阜阳市人口和面积仅次于合肥、蚌埠、芜湖，位居安徽省内第四位。

阜阳早在新石器时代就有人类居住，并创造了灿烂的古代文化。由于位于中原文化区的边缘，阜阳在中原文化对周围地区辐射过程中，受到了很大

阜阳新景

的影响。春秋战国时期，这里长期属于楚国，楚文化成了当时主流文化。先秦时代百家争鸣，杂说横流，阜阳大地上生成了诸多文化现象，并孕育了达则兼济天下的政治主张和穷则独善其身的处世态度，这在一定程度上丰富和发展了中华文化。这里曾是姜子牙、甘茂、甘罗、管仲、鲍叔牙、嵇康的故里，宋代诗人晏殊、欧阳修、苏轼都曾在此为官，并留下了“大千起灭一尘里，未觉杭颍谁雌雄”等千年传唱的诗篇。阜阳重要的地理位置使其成为历史上的兵家必争之地。翻开历史的画卷不难看出，古代的阜阳战事连连，硝烟不断，战争的洗礼，使阜阳留下了戎马文化的烙印。

姜子牙

在阜阳的连连战事中，顺昌大捷是比较著名的一战。顺昌，即今安徽阜阳。南宋期间，宋将刘锜曾经在这里与金兵进行过一次大战，结果宋军出奇制胜，以少胜多，大败金军，这就是著名的“顺昌大捷”。

在宋金争夺战中，江淮占有重要的位置。金要灭亡南宋，就一定要先夺取江淮。南宋要保全自己，也一定要保全江淮。因此，在一百多年间，宋金在淮河南北的争夺战，见于记载的就有一百多次。绍兴十年（1140 年）五到六月，原本应允归还宋朝三京的金兀术，却抵赖反悔，复占东京，并出动数十万大军，取道两淮，大举进攻南宋。这时，率领三万多人打算到东京（今河南开封）赴任，行抵顺昌的刘锜，在途中得到金军占领陈州（今河南淮阳）的消息，认为顺昌有城可守，有粮数万斛，可以一战。虽然部分将领反对作战，秦桧也主张南逃，但刘锜心意已决，他下令凿沉所有的船只，并把自己的家属安置在一寺庙中，门外堆满了柴草，然后告诫守卫的士兵：“如果战事不利，就先焚烧我家，不要使我的家属沦落敌手受到侮辱。”在刘锜和顺昌知

府陈规的领导下，军民同心协力，抵抗金军。城上修建了许多防御箭矢的工事，外城根构筑了羊马圈式的土墙，墙上开了许多便于观察又可射箭的孔洞。刘锜把部队分成几个部分，轮流战斗和休息。同时在城的附近设了伏兵，准备袭击敌人和捕捉俘虏。经过六昼夜的努力，顺昌的初步防御准备完成了。

6月11日，金军3万余人行至顺昌城外30里的白龙窝驻扎，刘锜得知这一消息，便派兵千余人乘夜袭击，这时敌人立足未稳，无法组织有效的防御和反击，因此宋军首战告捷。15日，金军3万余人进围顺昌。为了迷惑敌人，刘下令打开所有城门。金军恐有埋伏，不敢靠近，只在远处放箭。金军后退时，刘锜乘机挥军冲杀出城，不少敌军在仓皇溃逃时淹死在颍河中。此后，刘锜又连续两次趁着有雷雨的黑夜袭击金营，大量杀伤敌人，给金军以沉重的打击。金军在顺昌几次失败的消息传到金兀术耳中，金兀术连忙于6月23日率军10万赶来增援。当金兀术抵达顺昌城下时，他见城垣低小，极为不屑，立刻命令10万金军把顺昌层层包围起来，并以主力攻东、西两门。但金兀术太轻敌了，一方面金军远道而来，疲乏应战，加之天气炎热，令次战斗力不强；另一方面顺昌城内宋军顽强抵抗，因此金军攻城无果。而宋军方面，刘锜已在颍河边布置了一大片撒毒地区，为了激怒金兀术并引诱金兵进入撒毒地区，他故意派人向金军挑战说，只要金兀术敢渡颍河和他作战，愿为金军代架浮桥五座，以示“迎接”。金兀术大怒，答应第二天早上渡河。刘果然连夜架了五座浮桥，同时在河的上游及渡河场上大量撒毒。金军渡河后，普遍中毒，病倒很多，士气十分低落。这时，刘锜却又回到城中，坚守不出，直到傍晚才擂起战鼓，营中彻夜喧哗。金兀术派人探听，城中却偃旗息鼓，一片寂静。金兀术害怕中计，便叫金兵骑在马上，拿着蜡烛，团团守护他的大营，这样，金军疲惫不堪，战斗力大大削弱。6月26日深夜，天降大雨，平地水深尺余，刘锜趁机派出一支部队出西门攻打金兵，用以分散敌人注意力，然后派五千精兵出南门，直袭金兀术大营，杀死金兵近万人。金兀术派出他的精锐部队“铁浮图”（铁浮图，就是穿上重铠，戴着铁帽子的兵，三个人一组，用皮带连起来，每进一步，便用拒马木在后面拦住，这样金兵只进不退）反扑。可是，金兀术没想到，刘锜早已准备好了对付“铁浮图”的器械。“铁浮图”一出动，宋军先用标枪挑掉他们的铁帽子，然后用利斧砍断他们的臂膀，或者用大棒击碎他们的脑袋，彻底粉碎了金军的反扑。金兀术不

甘失败，又调集他的另一支精锐“拐子马”（就是布置在左右两翼的骑兵，全由能骑善射的女真人组成，号称“常胜军”）向宋军进击。可是，这支常胜军在面对宋军的快刀、利斧时，也失去了往日的威风，很快就失败了，金兀术只能狼狈地率军撤回开封。

经此一战，金兵对刘锜畏之猛虎。顺昌大捷后，当地人民捐款建造了刘锜祠，以纪念这位捍卫国土的忠臣。顺昌大捷沉重打击了金军主力部队，因而对宋军抗金的战局产生了重大影响，它策应了宋军在东、西两翼及西京地区的作战，从而全线抑制了金军的攻势，为南宋军民大举反攻金军创造了良好的条件。刘锜因此战功，被宋高宗授予武泰军节度使、侍卫马军都虞侯、知顺昌府、沿淮制置使等职。

寿县古战场

安徽省寿县是国务院 1986 年公布的全国 62 座历史文化名城之一，是“淝水之战”的古战场，楚文化的故乡，中国豆腐的发祥地。寿县历史悠久。古称寿春、寿阳、寿州，屡为州、府、道、郡等治所。它古属淮夷部落，夏为扬州域，商周为州来国地，春秋属楚。三国时为魏地，已是十余万人的重镇。自晋以后到唐、宋，寿县继续以繁华著称于世，所谓“扬（州）寿（州）皆为重镇。”

寿县古城

目前，寿县存有古迹 160 多处，其中唐、宋、明、清建筑 10 多处，古墓葬多达 80 多座，古遗址 29 处，初步形成了八公山国家森林公园、寿州古城和安丰塘三大旅游景区。安丰塘（芍陂）是中国古代四大水利工程之一，由春秋时楚国令尹孙叔敖修筑，与都江堰、郑国渠，漳河渠齐名，是国家重点文物保护单位。寿县的古建筑有始建于唐贞观年间的报恩寺、宋嘉定时期的古城墙（全国保存较好的古城墙之一），元代的黉学、明朝时期华东最大的清真寺、典雅肃穆的孙公祠等。寿县的古墓可以用星罗棋布来形容，主要有蔡侯墓、楚王墓、淮南王墓、廉颇墓、宓子墓等。楚幽王墓是研究楚国君王葬制的宝贵资料，墓址在寿县城东南 25 公里处的朱家集（今属长丰县）附近，发掘前称李三孤堆，现已出土的文物据估计至少有 4000 余件。其中青铜器有 1000 余件，重要大件有 200 余件，其中在安徽省博物馆收藏的楚大鼎、四兽平底鼎等较有代表性。寿县的古遗址有古郢都遗址、安丰城遗址、淝水之战古战场等。其他还有春申坊、时公祠、斗鸡台、吕蒙正寒窑、陈玉成囚室、状元府、淮王丹井，以及早在清代就载于方志的寿州内八景和外八景等。

寿县不但古迹众多，而且人文荟萃。寿县是世界管状射击武器、垂体激

淝水之战示意图

素药物、豆腐的发祥地；淮南王刘安及其门人编著的鸿篇巨著《淮南子》，集自然科学、哲学、史学、文学于一体，博大精深；宋代政治家吕夷简、吕公著和诗人吕本中，清代一代帝师孙家鼐、民国英杰柏文蔚，以及抗日名将方振武等一大批仁人志士。

可以说，寿县以楚文化为底蕴形成了自己独特的乡土文化，并以自己独特的形式不断将这种乡土文化发扬光大。

淝水又作肥水，源出肥西、寿县之间的将军岭。淝水之战，发生于公元383年，地点就在淝水之上，八公山之下。这是东晋时期北方的统一政权前秦向南方统一政权东晋发起的一系列战役中的决定性战役。

西晋末年的腐败政治，引发了社会大动乱，中国历史进入了分裂割据的南北朝时期。在南方，晋琅邪王司马睿于公元317年在建康（今江苏南京）称帝，建立东晋，占据了汉水、淮河以南大部分地区。在北方，各少数民族政权纷争迭起。由氐族人建立的前秦国先后灭掉前燕、代、前凉等割据国，统一了黄河流域。东晋太元八年（383年），前秦苻坚在统一北方后，强征军夫，组成90万大军，挥师自长安南下，同时，苻坚又命梓潼太守裴元略率水师7万从巴蜀顺流东下，向建康进军，企图一举灭晋。面对前秦的强大攻势，东晋内部矛盾暂时缓和，一致对敌。宰相谢安沉着指挥，令谢石、谢玄等率8万北府兵开赴淮水一线抗击。

10月18日，苻坚之弟苻融率秦前锋部队攻占了寿阳（今寿县），俘虏晋军守将徐元喜。随后，苻融又将奉命率水军驰援寿阳的胡彬一部困在硖石。胡彬无奈，只好向谢石求救，但送信的晋兵被秦兵捉住，苻融又从中了解到晋军兵少，粮草缺乏的情况，于是建议苻坚迅速起兵，以防晋军逃遁。苻坚得报，把大军留在项城，亲率8千骑兵疾趋寿阳。苻坚一到寿阳，立即派原东晋襄阳守将朱序到晋军大营去劝降。朱序到晋营后，不但没有劝降，反而向谢石提供了秦军的情况。谢石起初认为秦军兵力强大，打算坚守不战，待敌疲惫再伺机反攻。现在了解到秦军只到了前锋，决定转守为攻，主动出击，击溃秦军前锋，以挫其锐气，进而击破其百万大军。

计谋已定，谢玄派遣勇将刘牢之于11月率精兵五千奔袭洛涧。秦将梁成率部5万在洛涧边上列阵迎击。刘牢之分兵一部迂回到秦军阵后，断其归路；自己率兵强渡洛水，猛攻秦军。秦军惊慌失措，勉强抵挡一阵，就土崩瓦解，

主将梁成和其弟梁云战死，官兵争先恐后渡过淮河逃命。洛涧大捷，极大鼓舞了晋军的士气。谢玄乘胜再出一计，以帮助晋军解决无法渡河的窘况。他派使者去见苻融，用激将法让秦军后退，以便于晋军渡河，与秦军决以速战。起初前秦诸将都反对后退，但苻坚认为可以将计就计，让军队稍向后退，待晋军半渡过河时，再以骑兵冲杀，这样就可以取得胜利。苻融对苻坚的计划也表示赞同，于是就答应了谢玄的要求，命秦军后撤。没想到，秦兵因刚打过败仗士气低落，现在又听到后退的命令，以为己方已败，结果一后撤就失去控制，阵势大乱。这时，谢玄率领 8 千多骑兵，趁势抢渡淝水，向秦军猛攻。苻融眼见大势不妙，急忙骑马前去阻止，以图稳住阵脚，不料战马被乱兵冲倒，被晋军追兵杀死。失去主将的秦兵越发混乱，彻底崩溃。晋军乘胜追击，一直到达寿阳附近的青冈，收复了寿阳。

秦兵逃回洛阳时，只剩了 10 余万人马，苻坚本人也中箭负伤。在溃逃途中，秦军相踏而死的，满山遍野，尸体甚至充塞了大河。至此，占有绝对优势的前秦大军败给了东晋，国家也因此衰败灭亡，北方各民族纷纷脱离了前秦的统治先后建立了十余个小国。而东晋则趁此北伐，把边界线推进到了黄河，并且此后数十年间东晋再无外族侵略，东晋王朝的统治得到了稳定，为江南地区社会经济的恢复和发展打下了必要的基础。

采石矶古战场

采石矶，又名牛渚矶，位于马鞍山市西南 5 公里的长江东岸，自古以来就有“风台东出无多地，牛渚南来第一矶”的美誉。采石矶由牛渚山西南麓突入江中而成，牛渚山三面临水，因此名（又名牛渚矶）。采石矶绝壁临江，水湍石奇，与南京燕子矶、岳阳城陵矶合称“长江三矶”，并以它独特的自然景观与深厚的文化内涵独领风骚，被誉为长江三矶之首。采石矶附近，江面水势平缓，历为大江南北重要津渡；它扼守长江天险，是长江下游的江防要地；它北通南京，南达芜湖，采石渡口隔江与和州（今和县）横江渡相望；牛渚山为南京西南屏障，有“宁芜要塞”之称，因此历来为兵家必争之地。历代发生在这里的战争有二十多起。东汉末年名将孙策袭夺牛渚营后，设重兵驻守，始为戍兵要地。隋置牛赭圻镇，唐设采石戍，宋称采石镇。戍、镇

位牛渚山上，居高临下，俯视采石渡口。

采石矶

采石矶美名天下，不只因为它是著名的古战场，还因为它是我国早期的佛教圣地之一，广济寺始建于东汉，为江南名刹。另外，唐代大诗人李白曾多次登矶游览，写下《横江词》《牛渚矶》《夜泊牛渚怀古》等脍炙人口的诗篇。这一带还流传着李白身着宫锦袍泛舟赏月及跳江捉月、骑鲸上天的动人传说。早在唐元和年间，采石矶就建起了纪念李白的“嫡仙楼”，即今日长江“三楼一阁”之一的太白楼。这无疑为采石矶增添几许浪漫的文学气息，也让更多的文人墨客对此地心生向往。白居易、刘禹锡、沈括、梅尧臣、陆游、文天祥等也曾到此一游，留下许多诗赋题咏。现在，每年重阳节，在太白楼都举行马鞍山国际吟诗节。

如今，采石风景区古刹禅林，晨钟暮鼓恍如世外桃源，让人流连忘返。而且，这里拥有全国最大的李白纪念馆，有驰誉江南的三元洞，气势雄伟的三台阁，引人入胜的万竹坞，“当代草圣”林散之艺术馆……漫步景区，寻古探幽，瞰山川秀色，叹“大江东去”，可谓别有一番风韵。

作为著名的古战场，这里发生过孙策与刘繇牛渚之战、晋军克牛渚之战、北宋灭南唐的采石之战和南宋大败金兵的采石之战等。其中，南宋大败金兵的采石之战发生于南宋绍兴三十一年（1161 年），当时金海陵王完颜亮率师南侵，欲渡采石，进逼建康，南宋名臣虞允文据牛渚，扼天堑，以少胜多，大败金兵。

当时，金海陵王完颜亮率领 60 万大军（号称百万）进攻南宋，横越淮河，进迫长江。十月，金国东京留守曹国公完颜雍杀副留守高存福，即皇帝位，是为金世宗，海陵王面临内忧。南宋方面，主导抗金大计的宰相陈康伯在危难之际烧毁宋高宗“如敌未退，散百官”的诏书，促使高宗下诏亲征，全面抗敌。为推动抗敌计划，朝廷起用叶义问主持江淮，中书舍人虞允文参谋军事，汤思退主管临安。

十一月八日，海陵王大军图谋由采石矶渡过长江，此时负责督军的主帅李显忠还未赶到采石矶，只有被委任为督视江淮军马府的参谋军事虞允文刚到采石矶犒师，但虞允文并非武将，采石矶形势危急。随行的人建议虞允文逃走，但虞允文执意要抵抗，进至采石矶。途中，虞允文遇到南宋残军1.8万人，他们个个士气低落，零散坐在路旁，都算计着如何逃脱。虞允文见状，立即亲自督师，鼓励士气，把散处沿江各处无所统辖的军队迅速统合起来，沿江布阵。

这时，海陵王大军已经乘船开始渡江，他们认为采石矶无兵把守，因此并未做交战准备。等到他们的船快到长江南岸边时，才发现宋军已列阵相待，当地人民观战助威者十数里不绝。海陵王大军措手不及，但已无法后退，只能前进。对阵中，宋军水兵所用之船大而灵活，较为稳便。而海陵王水军船只底平面积小，极不稳便，在宋船猛烈地冲击下，金兵大败，退回长江北岸。第二天，虞允文又派水军主动进攻长江北岸的金军渡口。金军船只出港，宋军用强弩劲射，又使用船载霹雳炮轰击，大败金军。完颜亮见渡江失败，只得退回和州。

采石之战南宋取胜，表明南宋的军事任命及部署是正确的，南宋最高军事指挥直接主持江淮作战，迅速扭转战局，为南宋抗金留下一抹亮色。

第四章

华中、华南与东南古战场

本章介绍了江苏江西地区的古战场——南京古战场、鄱阳湖古战场，湖广地区的古战场——麻城古战场、赤壁古战场、宜昌古战场、崖山古战场。

第一节 江南形胜——江苏江西地区古战场

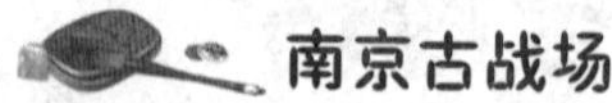

南京古战场

南京，是中国著名的四大古都及历史文化名城之一，也是历史上赫赫有名的古战场。战国时楚威王始置金陵邑，以为“王之地也”。东吴、东晋和南朝的宋齐梁陈以及南唐、明朝、太平天国和中华民国都曾先后定都于此，因而又有“六朝古都”“十朝都会”之称。千百年来，襟江带河、依山傍水的南京总是在离乱和浩劫当中承担着中华文明“救亡图存”的使命。一旦中原和北方遭遇游牧民族的致命性冲击，南京就会成为中原华夏文化的避难所；一旦国家重新恢复大一统的格局，南京就把这文明的火种重新交还给中原大地。这就是南京的品格，是南京留给世人的印象。

南京中华门

南京市平面位置南北长、东西窄，呈正南北向。南京城区起伏不平，紫金山中支的余脉向西延伸，在太平门旁为富贵山，进城为小九华山、北极阁，继续向西连接古长江冲积物堆成的下蜀黄土岗地，把南京城一分为二，形成了秦淮河水系和金川河水系的天然分水岭。在

城北绣球公园附近还有狮子山（又名卢龙山），城西有马鞍山，城南有石子岗（又名玛瑙岗、聚宝山）。

南京城内主要河流有长江和秦淮河。长江南京段从江宁铜井镇南开始，至江宁营防乡东为止。秦淮河到南京武定门外分两股，一股为干流，称外秦淮河，绕城经中华门、水西门、定淮门外由三汊河注入长江；又一股称内秦淮河，由通济门东水关入城，在淮清桥又分为南北两支，南支为“十里秦淮”，经夫子庙文德桥至水西门西水关出城，与干流汇集，北支即古运渎、经内桥至张公桥出涵洞口入干流。

知识链接

南京城墙

在冷兵器时代，城墙无疑是国家最重要的防御工事。城墙的坚固与否，不只体现着王权的威仪，更直接关系到社稷的安危。南京城墙不仅是当时世界上最长的城墙，也是迄今世界上最坚固的城墙之一，历 600 多年风雨而未倒，今天依然固若金汤。现存南京的城墙是明城墙，由朱元璋亲自监理修建，高大坚实、雄伟壮观。它东傍钟山，西据石头，南凭秦淮，北控后湖，城基宽 14 米，高 14 ~21 米，有 13616 个垛口，200 座窝铺，13 座城门，其中聚宝、三山、通济三门最为壮观。城垣用巨大的条石砌基，用巨砖筑成，十分坚固。近年陆续修复的中华门、台城等，成为一处独特的人文景观。

天京（今南京）保卫战是清朝同治元年（太平天国壬戌十二年，1862 年）至同治三年间，太平军为保卫首都天京所进行的防御战，也是太平天国战争史上最后一次大规模的防御作战。

同治元年（1862 年）前后，天平军已经陷入极为不利的战略形势之中。当时，在南京附近与太平军作战的主要是曾国藩的湘军。曾国藩治下的湘军，

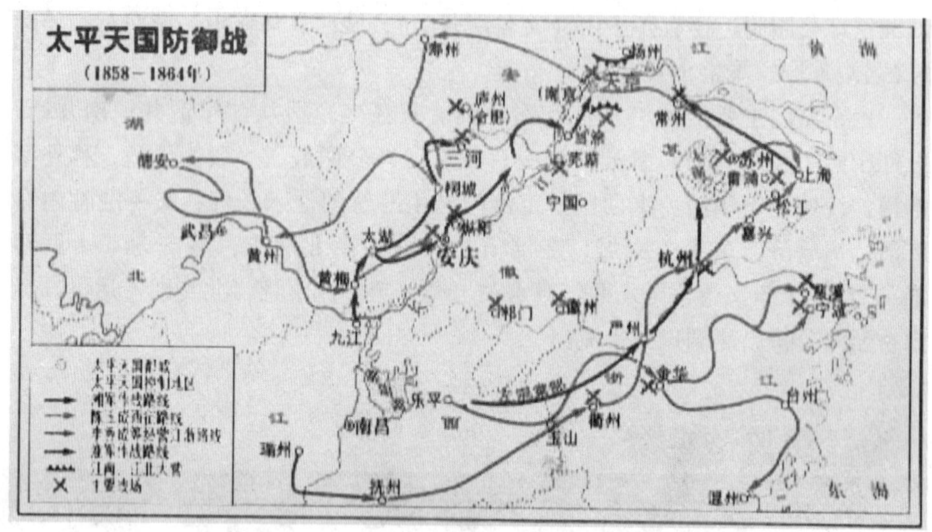

太平天国防御战示意图

以“扎硬寨，打死仗”闻名，在与太平天国的战争中，湘军确实不同于骄惰的绿营和庸懦的团练，而显得十分的凶顽强悍，太平军很难取胜。同治元年五月，太平军控制下的安庆失守，主将陈玉成坐守庐州后不走，又放弃庐州败走寿州，最终在河南延津遇害。陈玉成的牺牲和庐州的失陷，使太平军在皖北的防务瓦解。太平天国只能依靠李秀成等新开辟的苏浙根据地支撑危局。

而此时，不断获胜的湘军开始筹划东征金陵（今南京），并做好了全盘的军事行动部署。1862 年 3 月，曾国荃部东下，拉开了进攻天京的序幕。5 月 30 日，湘军的彭玉麟率水师进泊金陵护城河口，曾国荃部直逼雨花台，曾贞干也率军赶到。天京（今南京）处在湘军直接威胁之下。湘军的行动速度令洪秀全大吃一惊，大兵压境，他只好催促李秀成从上海前线回援，同时，杨辅清、洪仁玕从皖南回援天京，但天京外围的形势并未因此而缓解。9 月，李秀成由苏州出发，督率 13 王，领兵 10 余万，在东坝会齐，回援天京。10 月，天京外围的攻守战开始。李秀成率军与天京城内守军配合，对湘军发起猛攻。但湘军坚壁固守。一次，在交战中太平军已轰塌曾国荃雨花台营附近的湘军营墙两处，并往返冲杀五六次，最终也没能攻入。就这样，直到 11 月，李秀成、李世贤围攻雨花台曾国荃军营月余不下，只得下令撤围，13 王回援天京的作战也宣告失败。

天京解围不成，洪秀全命令被革爵的李秀成西袭湖北，以调动天京的围敌。但西袭部队进入皖北后，受到湘军节节抵御，屡攻不克，而且太平军粮草供应不足，李秀成只好放弃原定计划，折往寿州，随即东返。这时，围困天京的湘军已增至3万余人，并于6月13日占领了聚宝门外各石垒。李秀成接到洪秀全的急令，再次回援天京，可在湘军炮火和饥饿的双重打击下，最终回到天京城内的太平军不到1.5万人。6月25日，湘军又攻陷江浦、浦口，30日陷九洑洲，太平军又损失2万余人。至此，长江北岸完全为清军占领。太平军实力则进一步削弱，天京解围的希望也更加渺茫。到11月，湘军已攻陷天京外围的所有城镇要点，天京城只有太平门、神策门尚与外界相通，外援断绝。在这种极度困难的情况下，李秀成建议洪秀全让城别走，这样才有保住太平天国革命事业的希望。但洪秀全不肯接受李秀成的建议，致使最后一线希望也丧失了。

1864年2月到4月间，湘军完成了对天京的合围，并开始在朝阳、神策、金川门外挖掘地道十余处，准备轰塌城墙。太平军一面组织力量从城内对挖，进行破坏，一面构筑月城，以便城墙轰塌后继续组织对抗。6月1日，天王洪秀全病逝（一说自杀），幼天王洪天贵福即位，一切军政事务统归忠王李秀成执掌。7月，湘军攻占天京城外最后一个据点地保城（即龙脖子），从而能够居高临下，监视城内动静，并在龙脖子山麓与城墙间大量填塞芦苇、蒿草，上覆沙土，高与城齐，为攻城铺平道路。李秀成见湘军攻城在即，选派千余人伪装湘军，于深夜出城打算破坏湘军的地道，但未成功，只能撤回城内。7月19日晨，湘军破城而入，李秀成带幼天王逃走，在突围中又与幼天王失散。7月22日，李秀成在方山附近被俘，后被杀害。

李秀成雕塑

天京城破之后，太平军与

入城湘军展开巷战，大部分太平军战死，一部分太平军自焚，10余万人没有一个投降的。天京陷落，轰轰烈烈的太平天国革命终告失败。这是太平天国领导人奉行消极防御战略思想的必然结果，也是太平天国后期政治日趋保守和腐败的必然结果。

知识链接

太平天国的军事制度简介

太平天国（1851—1864年）是中国历史上最大的一次农民起义所建立的政权。其军事制度既具有农民起义军的特点，又受封建制度和天主教的影响。太平军的最高统帅为天王（洪秀全）。初期，全军分成中军、前军、后军、左军、右军，各委主将统辖，主将直接受命于天王。不久，又设正、又正、副、又副等军师，军师遵天王令管全军。克永安后，封各主将为东王、西王、南王、北王、翼王，东王节制其余四王，成了太平军的实际统帅。天京变乱，翼王出走，太平军上层军事指挥体制发生变化。1858年，恢复五军主将制，由中军主将总统全军。后又增设靖东、平西、定南、征北四方主将。在主将之上又设天将、朝将等官职。太平天国没有设立定制的军事统辖机关，军师、主将等均以其王府、僚属为办事机构。

太平军的组织体制依《周礼》制定。军为基本单位，编13156人。军设军帅，辖5个师；师设师帅，辖5个旅；旅设旅帅，辖5个卒；卒设卒长，辖4个两；两设两司马，辖5个伍；伍设伍长，统4个圣兵。军帅以上依次设监军、总制、将军、指挥、检点、丞相各级官职。从监军到丞相，只是官员的职位等级，平时没有相应的建制部队，战时各官分领一军或数军出征作战。

鄱阳湖古战场

“鄱阳湖上好风光，风帆飞去水天长……”不知曾有多少人哼着这首《鄱阳湖渔歌》走进鄱阳湖，到这风光奇秀、百世流芳的胜地去寻幽探胜。

鄱阳湖古称彭蠡泽、宫亭湖。三国时，长江穿泽而过，将其分为南北两部分。江北部分发展成为今日鄂皖境内的龙感湖和大官湖；江南部分则不断南侵，至隋末唐初时，水面扩至鄱阳县城，遂得名“鄱阳湖”。而今，经过长期的地质演变，鄱阳湖形成南宽北窄的形状，犹如一只巨大的葫芦系在万里长江的腰带上，秀美迷人。

鄱阳湖口，地势险要，依山面水，襟江带湖，自古就有“天险”之名，是历代兵家必争的战略要地。从禹征三苗到中国人民解放军横渡长江的4000多年里，这里发生了大小战争一百多次。据史料记载，在鄱阳湖地区发生的最早的战争是禹平三苗之战；最大、最有影响的战争是发生在元至正二十三

鄱阳湖美景

年（1363 年）的朱元璋与陈友谅的鄱阳湖大战；持续时间最长的一次战争，是清咸丰三年（1853 年）至七年（1857 年）的曾国藩湘军与石达开太平军的湖口之战，这也是近代历史上一次有影响的水战；持续时间最短的一次战争，是民国二年（1913 年）七月江西都督李烈钧在孙中山先生的领导下，在湖口发动的讨伐袁世凯的起义，史称二次革命。

在鄱阳湖，要追寻古战场的遗迹，鞋山与康山大堤的忠臣庙是最佳选择。鞋山因其形似仙女遗落在鄱阳湖中的鞋而得名，距长江入口仅几公里，又称大孤山，有“蓬莱仙岛”之称。1993 年6、7 月间，在鄱阳湖口水域打捞出一批距今600 余年的历代水战兵器：有刀、枪、剑、戟等，引起全国史学界、考古界、旅游界的高度关注，成为鄱阳湖古战场的重要见证，也成为鞋山的镇山之宝。余干县康山大堤长 34 公里，风景秀丽，渔家风情浓郁。康山大堤的忠臣庙以“明代之胜迹、鄱湖之状景、民族文化之瑰宝”而扬名

远眺鞋山

天下。“忠臣庙”修建于公元1364年4月，是朱元璋为纪念康郎山水域大战阵亡的将士，激励全军再接再厉的昂扬斗志，率军师刘基在康郎修建的。该庙宇择基于康郎山西麓的凤地凰嘴，坐东朝西，面彭蠡而雄踞康郎，气势雄伟壮观。现在，历经风雨侵袭、水毁火烧和战乱破坏的忠臣庙已经修缮重建多次，状况自然今非昔比，但其间传递出的天地正气却一如往昔，值得大家一看。

除了鞋山和忠臣庙，鄱阳湖风景区的周瑜点将台、宫亭湖、渚溪、扬澜、青山古镇、牛屎墩、东牯山等处均留有当年鏖战遗迹和传说，为人们津津乐道。

鄱阳湖之战，是中世纪世界规模最大的水战。元朝末年朱元璋和陈友谅为争夺中国南部的控制权在鄱阳湖水域展开决战，最后，朱元璋获得完全胜利。

元朝末期，朝政废弛，社会动乱，农民起义如火如荼，在农民起义的队伍中陈友谅和朱元璋逐渐成为两股较强大的势力，两人也互为对手。

至正二十年（1360年），朱元璋分析了当时的形势和自己的处境，决定集中主力先打陈友谅，对另一支较为强大的起义势力张士诚所部采取牵制策略。而此时的陈友谅刚刚攻占太平，夺取采石，也想吞灭朱元璋。但他想联合张士诚对朱元璋形成上下夹击之势。此时据守应天城的朱元璋决定利用应天城池坚固、地形复杂的有利条件，防止张士诚乘机袭击，同时制定诱敌

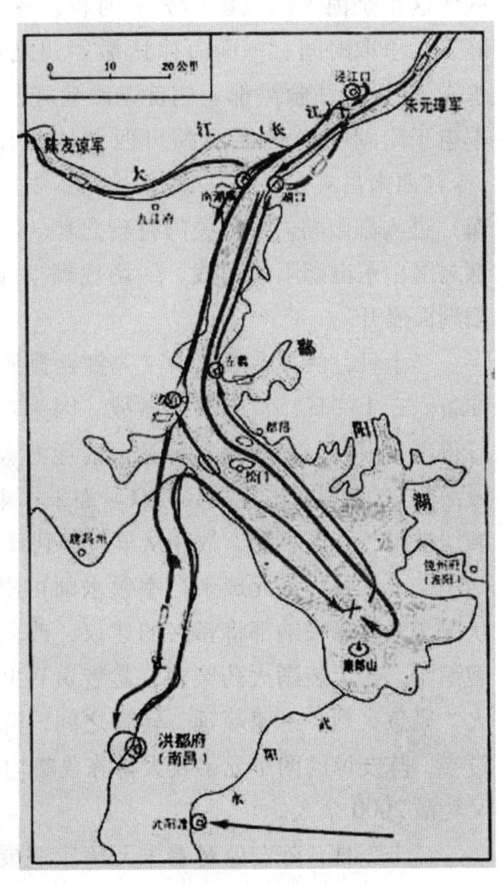

鄱阳湖之战示意图

深入、设伏聚歼的方针。结果，急躁、轻敌的陈友谅果然上了朱元璋的当，中了朱元璋的埋伏，应天一役损失惨重，最后弃巨舰100余艘，逃回江州（今江西九江）。朱元璋乘胜夺取了许多地方。

应天之战失败后，陈友谅部内部矛盾激化，朱元璋迅速发展，实力大大增强，控制区迅速扩展。至正二十三年（1363年）三月，朱元璋率兵前往安丰，救援被张士诚围攻的小明王。四月，陈友谅乘朱军主力救援安丰，江南空虚之机，以号称60万的水陆大军围攻洪都，占领吉安、临江、无为州。当朱元璋回到应天，获悉陈友谅全军出动围攻洪都而未直取应天，并得知江水日涸，不利陈军巨舰行动，以及陈军缺粮，士卒多死等消息后，认为这正是消灭陈友谅的大好时机。遂一面命洪都守军再坚守一月，疲惫陈军，争取时间；一面命徐达撤庐州之围，回师应天。七月，朱元璋亲率水军20万，往救洪都。他首先派兵守住泾江口（今安徽宿松南），另派一军屯于南湖嘴（今江西湖口西北），切断陈友谅归路；又派兵扼守武阳渡（今江西南昌县东），以防陈军逃跑；朱元璋则亲率水师由松门（今江西都昌南）进入鄱阳湖，形成关门打狗之势。陈友谅听说朱元璋大军来援，即撤洪都之围，东出鄱阳湖迎战。一场规模空前激烈异常的生死大决战，就此在鄱阳湖面展开。

二十日，两军在康郎山（今江西鄱阳湖内）湖面遭遇，双方均做好战斗准备。二十一日，双方展开激战。因为双方水军实力都相当雄厚，所以战斗打得十分艰苦。朱军大将徐达、俞通海等发炮猛攻，缴获敌军巨舰一艘，焚毁敌舰20余艘，击毙敌兵甚众。而朱军本身伤亡也不少，尤其是朱元璋座舰搁浅被围，险遭不测。战斗从早晨打到日暮，不分胜负，鸣金收兵。

二十二日，朱元璋亲自率领水师再次出战。针对陈舰巨大，朱舰较小的状况，朱元璋采纳部将郭兴的建议，改用火攻。朱元璋选择勇敢士兵驾驶7艘渔船，船上装满火药柴薪，趁着黄昏时分刮起的东北风迫近敌舰，顺风放火，风急火烈，迅速蔓延。转瞬之间，陈军数百艘巨舰就被烧毁，士兵死伤过半，陈友谅的两个兄弟及大将陈普略均被烧死。朱元璋挥军乘势发起猛攻，又毙敌2000余人。

二十三日，陈友谅对着朱元璋旗舰展开猛攻，朱元璋刚刚移往他舰，原舰便被陈军击碎，陈军略胜一筹。二十四日，俞通海等人率领6舰突入陈军

舰队，勇敢驰骋，势如游龙，如入无人之境。朱军士气大振，发起猛烈攻击，陈军不支败退，遗弃的旗鼓器仗，浮蔽湖面。陈友谅只得收拢残部，转为防御，不敢再战。当天晚上，朱元璋乘胜进扼左蠡（今江西都昌西北），控制江水上游，陈友谅亦退保诸矶（今江西星子南）。两军相持 3 天，陈军屡战屡败，形势渐越不利。破屋偏逢连夜雨，陈友谅的两员大将在此时投降了朱元璋，陈军内部军心动摇，力量更加削弱。陈友谅又气又恼，下令把抓到的俘虏全部杀掉以泄愤。而朱元璋却反其道而行之，将俘虏全部送还，并悼死医伤，瓦解陈军士气，从而大得人心。陈军内部分崩离析，士气更加低落。朱元璋判断陈军可能突围退入长江，乃移军湖口，在长江南北两岸设置木栅，置大舟火筏于江中，又派兵夺取蕲州、兴国，控制长江上游，堵敌归路，待机歼敌。就这样，两军在鄱阳湖僵持一个多月，陈军补给匮乏，计策穷竭，只好冒死突围。岂知朱元璋早已断了他们的突围之路，并做好了军事部署，任陈军怎样左冲右突，就是打不开生路。八月二十六日，陈友谅中箭而死，陈军迅速溃败，5 万余人被迫投降。

鄱阳湖一役的胜利，奠定了朱元璋平定江南的基础，并为以后的北伐和攻灭元朝，统一全国创造了极为有利的条件。而陈友谅因指挥失误，失去人心，而将自己湮没在历史的尘埃中。

第二节 南国硝烟——湖广地区古战场

麻城古战场

麻城是一块物华天宝、人杰地灵的土地，它既有悠久的历史，又有灿烂的红色文化，既有秀丽旖旎的自然风光，又有厚重的历史人文景观。现在的麻城市位于湖北省东北部，大别山中段南麓，长江中游北岸。北与河南省商城县、新县以山脊为界，东北同安徽省金寨县依界岭分水，在湖北省省内东邻罗田县，南接团风县、武汉市新洲区，西与红安县毗连。历史上的麻城早在七千年前就得以开发；春秋时期属楚地，当时名为柏举，因吴、楚柏举之战而名垂青史；秦朝时，此地属南郡；汉代时，此地称为西陵；后赵时，大将石勒的部下麻秋在此筑城以守，因而此地得名“麻城”；隋朝改信安县为麻城县，将建宁、阴平、定城、鹿城、梁丰诸县并入，“麻城”正式作为区划名称相袭至今。现在的麻城是县级市，由黄冈市代管。

麻城有着厚重的历史文化底蕴，曹操、李世民、杜牧、苏轼、李贽、陈季常等一批历史政治、文化名人都曾留下足迹；明代，麻城以一隅之地就有132人中进士，482人中举人，这无疑给这块古老的土地平添了几许神奇。麻城又有着灿烂的红色文化，它是红四方面军和红二十五军、红二十八军的发源地；1927年震惊全国的黄麻起义也爆发在这里；这里是全中国革命烈士最多的地方；王树声、许世友、陈再道、王宏坤等共和国将军都是在这里参加革命。麻城还是一方移民圣地，自南宋开始，这里不断有移民潜入四川、重

麻城龟峰山的杜鹃花

庆。近几年来，川渝移民后裔到麻城寻根问祖热潮迭起，络绎不绝。

如今的麻城，在厚重的历史文化底蕴浸染下，更展现出迷人的风姿。麻城境内风景名胜俯拾皆是，重要人文历史景观有春秋柏举之战的古战场遗址，三国时代曹魏尚书仆射毛玠墓地，唐朝杜牧、宋朝苏轼饮酒赋诗的杏花村以及著名抗金将领、岳家军副统帅牛皋墓地（一说牛皋墓地在杭州西湖栖霞岭北的剑门关畔），明代李贽讲学、著书的龙潭湖和兵部尚书刘天和墓地。另外，“天下第一龟”和“第二庐山”的龟峰山，麻姑修仙的五脑山，有“千岛湖”之称的浮桥河等自然风景区也向人们绽开秀丽的容颜，等待人们的游赏。

柏举之战是周敬王十四年公元前506年吴国与楚国在柏举发生的一场战争。柏举就在现在的湖北省麻城市境内。

春秋时期，原本是楚国属国的吴国在晋国的支持下脱离楚国，开始崛起，国力逐渐强大起来。而楚国虽然是南方大国，但楚昭王即位后，不仅内政腐朽，而且又与周边国家不和。公元前506年春，应蔡国之请，晋、齐、鲁等18国诸侯在召陵（今河南省郾城县东）会盟，共谋伐楚。同年四月，楚国因蔡国受晋国指使出兵灭楚之附庸沈国，因而出兵围攻蔡国。这就为吴国攻楚

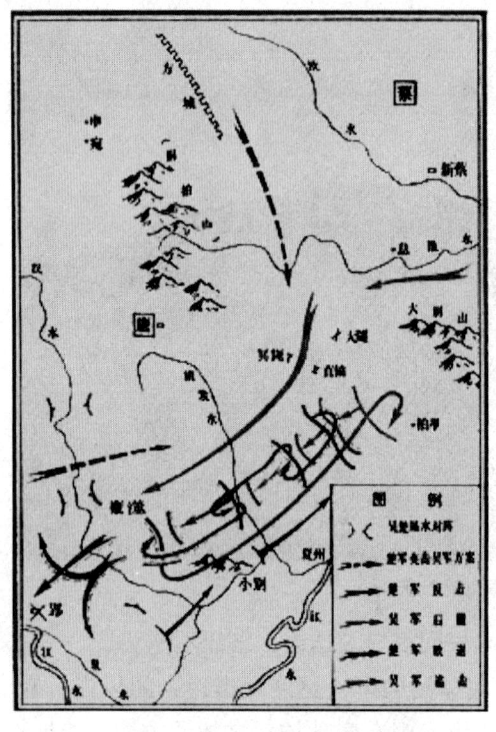

吴楚柏举之战作战经过示意图

提供了良好时机，于是，吴国国君以救蔡为名出兵，经淮道绕过大别山脉，从楚守备薄弱的东北部突入楚境，对楚国实施打击。

这一年冬天，吴王阖闾亲自率其弟夫概、伍子胥、伯嚭和孙武等，出动全国之兵奇袭楚国。他们先乘船逆淮水西进，行至州来，弃舟登陆，以3500名精锐步卒为前锋，穿过楚北部的大隧、直辕、冥阨三关险隘（均在今河南省信阳市以南，河南、湖北两省交界处），直趋汉水，深入楚国腹地。楚君万没想到吴国会做如此迂回奔袭，紧急之中，派令尹子常、左司马沈尹戌、武城大夫黑及大夫史皇等仓促率军赶至汉水西岸布防，以阻止吴军渡汉水攻楚都城。其实，当时吴军孤军深入楚国腹地，不占地利的优势，而楚军为本土作战，虽然分散于各地的兵力尚未集结，但兵员仍占优势。此时，只要楚国变被动为主动，就可以取得胜利。而楚国的沈尹戌也看到了这一点，于是建议由令尹子常凭借汉水之障与吴军周旋，正面牵制吴军，自己去方城（起自今河南省叶县西南，沿东南走向至泌阳县东北的一条长城）调集楚国兵力，迂回至吴军侧后，毁坏吴军舟船，阻塞三关，断其归路，然后与子常军实施前后夹击，歼灭吴军。子常原本同意沈尹戌的建议，所以沈尹戌已动身赶往方城调兵。但在沈尹戌还未到达方城之际，武城大夫黑贪功心切，主张速战速决。大夫史皇亦迎合子常贪功之心，怂恿其速战。子常听信二大夫之言，又错误地估计了战场形势，认为凭自己的实力可以击败吴军，于是改变与沈尹戌商定的夹击吴军计划，擅自率军渡过汉水攻击吴军。而吴军此时已经得到楚军夹攻的计划，为避免腹背受敌，改变原定在江、汉腹地与楚军决战的计划，由汉水东岸后退，

以便将楚军调动到不利于楚军的地形。子常见吴军后退，认为吴军畏惧楚军，因而紧追不舍，想尽快完成速战速决的计划。可在与吴军交兵之后，子常才发现自己错误地估计了形势，在小别（山名，今湖北省黄冈地区大崎山）至大别（今湖北省大别山）间，连续三战，楚军都未得胜，一时士气受挫，锐气大减。子常受到史皇的指责，不敢弃军逃命，只好勉强应战。

十一月十八日，吴军到达柏举后，不再后退，与楚军对阵。这时，吴军对该如何与楚军开战出现了分歧。夫概认为应先发制人，但阖闾想求万全，所以有所顾虑。在这种情况下，夫概见机而行，率自己所属5000人猛攻子常部。子常军一触即溃，楚军大乱。阖闾见夫概突击成功，立即发起全面攻击。早就有逃跑之意的子常再也无心坚持，弃军逃奔郑国，而史皇及其部属全都战死，楚军大败。

吴军乘胜追击向西溃逃的楚军残部，追至清发水（今湖北省安陆市境内涢水）时赶上楚军。这时夫概又建议乘楚军半渡之时攻击，一定能大获全胜。这次，阖闾采纳了夫概的建议，待楚军半渡之时，挥军攻击，又歼楚军一部。吴军继续追击溃逃的楚军，追至雍澨（今湖北省京山县西南），与由息（今河南省息县西南）回援的沈尹戌军相遇。沈尹戌率军奋力拼杀，虽然击败夫概，但被吴军包围，楚军突围失败，沈尹戌见无法获胜，命令部下割下自己的首级。楚军失去主帅，惨败溃逃。此后，吴军又连续五战击败楚军。连续失败的消息传到楚昭王处，大臣子期、子西认为应该调兵反攻，但楚昭王却畏惧而逃。国君逃走，军队哪还有再战的心气，于是，楚军一溃千里，吴军顺利攻入楚都郢（今湖北省荆州市荆州区城北）。至此，吴军以少胜多，获得柏举之战的胜利。

吴军之所以能够胜利，是因为他们经过了6年的“疲楚”战略，而且在进攻过程中能准确分析战争形势，及时应对，指挥得当。吴国通过此战给楚国以重创，大振吴国声威，为吴国进一步争霸中原奠定了坚实的基础。

赤壁古战场

赤壁古战场位于长江中游南岸赤壁市境内，沿江而上，通洞庭巴蜀，经武汉东下可达吴越苏杭，北望汉沔千里沃土，隔江就是洪湖乌林。

赤壁

在赤壁山临江悬岩上，有石刻“赤壁”二字。关于这两个字，还有一个生动的传说：当时赤壁大战得胜，周瑜把酒庆功，酒酣之余，提剑在崖壁上刻下“赤壁”二字。这二字仿佛是巨手神笔所书，竟力盖千钧，透过石崖在山后映出了反体的“赤壁”二字。其实这两个字是唐人所题刻，虽经千年风雨的侵蚀，惊涛骇浪的拍击，字迹至今仍清晰完整。

在赤壁山临江矶头建于1936年的有翼江亭，亭系麻石构成，上盖琉璃瓦，六柱六角，塔状尖顶，以赤壁山、铁山似昆鹏两翼而得名；位于赤壁山东南的南屏山顶有拜风台，又名武侯宫，是纪念赤壁之战时诸葛武侯在此“设坛台、借东风、相助周郎”而建；在赤壁矶头一处开阔的平地上，矗立着三国东吴都督周瑜的石雕像，像高9米，是湖北省最大的人物石雕像；在南屏山东南的金鸾山上有凤雏庵。相传，此处为赤壁之战时凤雏先生庞统批阅兵书的地方；在拜风台右侧，东风阁后是著名的赤壁碑廊。碑廊的石碑上有历代诗人关于赤壁之战的诗、词，这些诗词均由全国著名的书法家所书。

如今，赤壁大战的漫天烈火早已熄灭，但那赤色的悬崖绝壁，不尽的滔

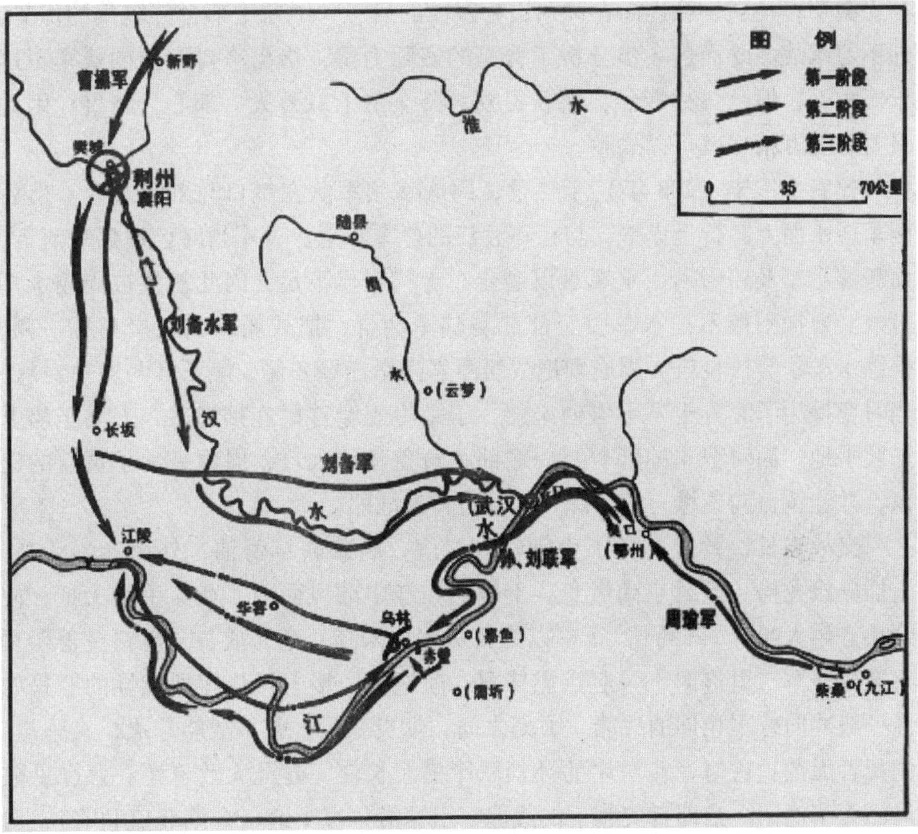

赤壁之战示意图

滔江水，战后的处处痕迹，却一直吸引着无数的文人墨客，赤壁的故事也一直在人们的心中流传。

赤壁之战发生于东汉建安十三年（208 年），当时曹操统一了北方，于是做好准备，开始南征。当曹操大军占领章陵郡后，刘琮惊慌失措，偷偷向曹操纳了降表，却没有通知屯兵于樊城前线一直在准备抵御曹军的刘备。直至曹操大军到达宛城的附近，刘备才意识到刘琮已向曹操投降。为避免陷于孤立，刘备只好率部南走，而曹操率部紧追不放。这时盘踞江东的孙权得知曹操南下后，接受鲁肃的建议探听刘备虚实，而刘备也在诸葛亮的建议下打算争取与孙权联手抗曹。后经诸葛亮激将，孙刘结成联盟。

根据周瑜和诸葛亮的分析，此时曹军疲惫不堪，必生疾病；天气盛寒，

马无藁草；马超、韩遂尚在关西，为曹操的后患；中原士卒舍弃骑兵的优势，却不习水战。既而进一步分析了曹军的实际力量，指出来自中原的曹军不过十五六万，但已久战疲惫，而新得刘表降卒的七八万人，却心怀猜疑。因此只要有五万精兵就可以战胜。

建安十三年（208 年）十二月，周瑜率领军队在樊口与刘备会合。然后两军逆水而上，行至赤壁，与正在渡江的曹军相遇。曹军当时已遭瘟疫流行，而新编水军及新附荆州水军难以磨合，士气明显不足，因此初战被周瑜水军打败。曹操不得不把水军引至江北与陆军会合，把战船靠到北岸乌林一侧，操练水军，等待良机。周瑜则把战船停靠南岸赤壁一侧，隔长江与曹军对峙。当时曹操为了北方士卒不方便坐船，于是将舰船首尾连接起来，人马于船上如履平地。面对曹军的部署，周瑜部将黄盖建议火攻，周瑜采纳了黄盖的建议，并让黄盖向曹操写信诈降，以接近曹操战船。

交战当日，黄盖准备了十艘轻利之舰，满载薪草膏油，外用赤幔伪装，上插旌旗龙幡。当时东南风急，十艘船在江中顺风而前，黄盖手举火把，使众兵齐声大叫："降焉！"曹军以为黄盖率部来降，毫无戒备。岂料黄盖船只行至离曹军二里许时，一起点燃柴草，就这样，接着风势猛烈燃烧的船只如箭一般冲向曹军相连的战船。顷刻之间，烟炎张天，曹军战船起火，人马烧、溺死者无数。这时，在对岸的孙刘联军横渡长江，趁乱大败曹军。曹操见败局已无法挽回，当即自焚剩下的战船，引军沿华容小道（今湖北监利北），向江陵方向退却，周瑜、刘备军队水陆并进，一直尾随追击。此战中曹军伤亡过半，曹操回到江陵后，恐赤壁失利而使后方政权不稳，立即自还北方。孙刘联军取得了赤壁之战的胜利。

赤壁之战是三国时期"三大战役"之一，此战失利使曹操失去了在短时间内统一全国的可能性，而孙刘双方则借此胜役开始发展壮大各自势力，曹、刘、孙三家争夺荆州之战揭开序幕。

宜昌古战场

宜昌，古名夷陵。关于"夷陵"之名的由来，一说应劭在《前汉书·地理志注》中记载："夷陵在西北"，以为因夷山（即今西陵山）故名夷陵。一

说清《东湖县志》载：长江自奉节下，两岸层峦叠嶂，江中水高浪急，一出南津关，险势顿减，“水至此而夷（平缓），山至此而陵（低矮）”，故名其地为夷陵。但不管说法如何，“夷陵”之名的由来当与山川地理形势有关。

今日宜昌

夷陵是巴楚文化发祥地之一，古属“荆州之域”；春秋战国时代是楚国的西塞重地；公元前 278 年，夷陵之名因秦将白起“攻楚、拔郢、烧夷陵”而始见于史册。此后，夷陵之名随时代变迁而不断变换，到清顺治五年（1648 年）改“夷陵”为“彝陵”，雍正十三年（1735 年）升彝陵州为宜昌府，置东湖县为附郭首邑。1949 年 7 月宜昌解放，县城及城郊划出设宜昌市。宜昌县隶属湖北省宜昌专区，县直机关仍设宜昌市内。2001 年 7 月 28 日，撤县建区，称宜昌市夷陵区。

在夷陵古战场上发生的最有名的战役就是三国时期的夷陵之战。因为“夷陵之战”是三国“三大战役”的最后一场，其余两场分别为官渡之战和赤壁之战。夷陵之战，因交战于夷陵（今湖北宜昌东南），史称夷陵之战；又因最后决战于猇亭（今湖北宜都北），亦称猇亭之战。此战爆发于蜀汉章武元年（221 年），结束于蜀汉章武二年（222 年），是三国时期东吴和蜀汉为争夺战略要地荆州南部五郡而进行的一场战争，也是中国古代战争史上一次著名的积极防御的成功战例。

依照《隆中对》的说法，刘备想一统帝业必须占领荆州，而荆州却被东吴占领了，所以刘备在成都称帝之后，立刻决定发兵夺取荆州。对于刘备的这一决定，诸葛亮等大臣极力反对，觉得时机还未成熟。但刘备一意孤行，倾全国之力，于公元 221 年 7 月对吴国发动了大规模的战争。而东吴的孙权在几次求和都遭到拒绝的情况下，积极做好准备，首先向曹魏称臣求和，同时加强荆州的防御工作，在首战不利的情况下，毅然果断地派出年轻的陆逊为都督，前去抵御蜀军。

刘备先派遣将军吴班、冯习、张南率领约 3 万人为先头部队，夺取峡口，

攻入吴境，继而又占领秭归。公元 222 年正月，蜀汉吴班、陈式的水军进入夷陵地区，屯兵长江两岸。二月，刘备亲率主力从秭归进抵猇亭，建立了大本营。而吴军方面，陆逊上任后，通过对双方兵力、士气以及地形诸条件的仔细分析，指出刘备势力强大，居高守险，锐气正盛，求胜心切，吴军应暂时避开蜀军的锋芒，再伺机破敌。陆逊拒绝了吴军诸将立即决战的要求，果断地实施战略退却，一直后撤到夷道（今湖北宜都）、猇亭（今湖北宜都北古老背）一线。然后在那里停止退却，转入防御，遏制蜀军的继续进兵。蜀军深入吴境二三百公里后，在夷陵一带受到吴军抵御，无法再前进，只好在巫峡、建平（今四川巫山北）至夷陵一线数百里设立了几十个营寨，之后设法挑动坚守要地而不出的吴军出来应战。此时，吴军已完全退出了高山峻岭地带，而蜀军却被阻于数百里长的山地，兵力难以展开。在这种不得地利的情况下，刘备首先派兵围攻驻守夷道的孙桓，希望调动吴军出兵救援，但陆逊深知孙桓素得士众之心，夷道城坚粮足，因此坚决拒绝了分兵援助夷道的建议。之后，刘备频繁派人到阵前辱骂挑战，但陆逊却不予理睬。后来，刘备又以平地立营引诱吴军，陆逊识破其诡计，坚守不出。蜀军屡求速战而不成，

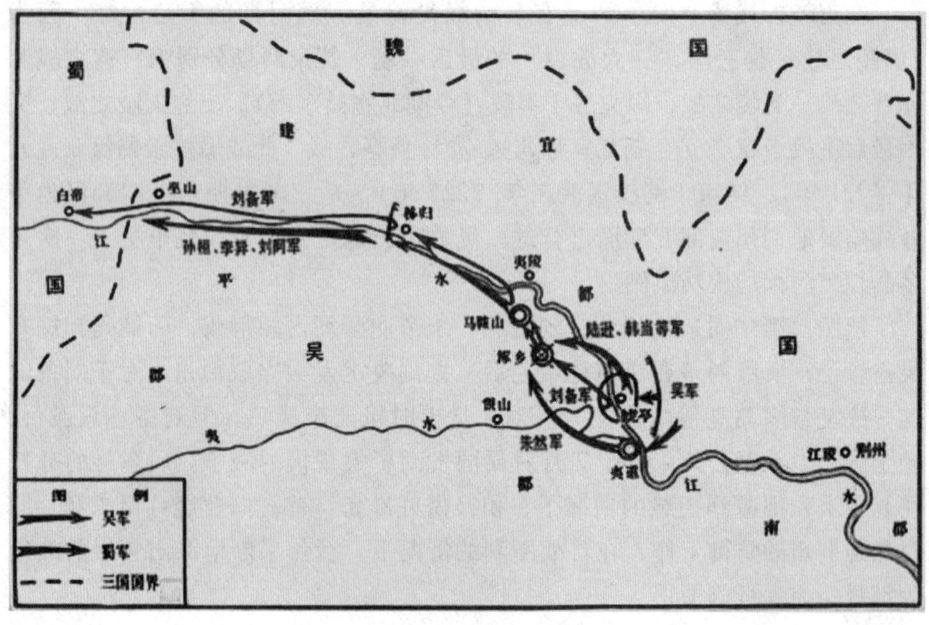

夷陵之战陆逊反攻示意图

将士逐渐斗志涣散，而六月江南的酷暑天气，又使蜀军不胜其苦。刘备无奈，只好将水军舍舟转移到陆地上，把军营设于深山密林里，依傍溪涧，屯兵休整，准备等到秋后再发动进攻。

这时，陆逊却等到了进攻的最佳时机。一方面蜀军士气沮丧，而且水军已经登陆，水路夹击的战略已无法实施；另一方面，蜀军处于吴境狭长崎岖的山道上，后勤补给困难，兵力分散。所以陆逊先派一小部军队进行一次试探性进攻，通过这次进攻陆逊发现蜀军的营寨都是由木栅所筑成，其周围又全是树林、茅草，一旦起火，就会烧成一片，于是制定了火攻蜀军连营的破敌之法。决战开始后，陆逊即命令吴军士卒各持茅草一把，乘夜突袭蜀军营寨，顺风放火。顿时间火势猛烈，蜀军大乱。陆逊乘势发起反攻，迫使蜀军西退。这时，吴将朱然率军插到蜀军后部，韩当所部切断了蜀军的退路，潘璋所部击败蜀军冯习部，吴军进展顺利，很快就攻破蜀军营寨40余座，并且用水军截断了蜀军长江两岸的联系。刘备见全线崩溃，逃往夷陵西北马鞍山，命蜀军环山据险自卫。陆逊集中兵力，四面围攻，又歼灭蜀军近万之众。至此，蜀军溃不成军，大部死伤和逃散，车、船和其他军用物资丧失殆尽。刘备在陆逊的猛追下，只能乘夜突围逃遁，后仰赖驿站人员焚烧溃兵装备堵塞山道而得以摆脱追兵，逃入永安城中（又叫白帝城，今四川奉节东）。幸好，退入永安城后，刘备收拢了散兵，同时赵云的援军赶到，让陆逊觉得已经失去了攻克永安的良好战机。而且，陆逊担心曹魏会乘机浑水摸鱼，危及东吴政权，所以于此时主动撤兵，这才让刘备得以喘息。但恼羞于夷陵惨败的刘备还是一病不起，于次年四月亡于永安城。夷陵之战就这样结束了。

夷陵之战是刘备的最后一战，也是输得最彻底的一战，刘备因此战毁了自己的一世英名。究其原因，刘备夷陵之战的失利主要在于轻敌。轻敌而不听劝谏，轻敌而设连营之计，轻敌而妄图反败为胜。夷陵之战前，国军国力可比曹魏，而夷陵之战后，蜀国国力迅速衰退，刘禅的即位更为将来的蜀国埋下了很深的祸根。从此，诸葛亮制定的宏伟战略蓝图基本毁灭，孙刘联合抗曹的可能基本打破，而这一切也为日后吴蜀两国的先后覆灭埋下了伏笔。

崖山古战场

崖山古战场遗址崖门，位于今天广东省江门市新会区南端，距会城镇约5公里。崖山海域南北纵横200余里，其地东有崖山，西有汤瓶山，延伸入海，就像一对半开半掩的大门，故名崖门。此地是银洲湖水由此出海，也是潮汐涨退的出入口。崖山海域地势险要，易守难攻，如果不熟悉航道和潮汐规律，很容易迷航搁浅。因此，从军事角度来讲，在此地设防，凭借天险，可以长期坚守。

如今崖门胜景包括崖门古战场、国母殿、崖门炮台、崖门大桥等景观。其中崖门炮台建于1809年，紧扼崖门海口，对扼守崖门起到了重要的作用；崖门大桥是跨越崖门水道的特大型双塔单索面斜拉桥，桥下可通航5万吨级船舶，跨度之大为目前国内同类型桥梁之最，亚洲第一，世界第二。

南宋末年，南宋朝廷在元军的追击下不断逃亡，成为流亡朝廷。1278年，南宋最后一位皇帝赵昺登基，年号祥兴。此时，南宋流亡朝廷已经逃到广东，赵昺登基后，在左丞相陆秀夫和太傅（太子的老师）张世杰的护卫下逃到崖山，并在当地成立据点，准备继续抗元。但这时的宋军兵力虽号称20万，但实际只有不到10万人有作战能力，其余十数万都是文官、宫女、太监和其他非战斗人员。而当时在广东和江西二省抗元的文天祥，因为得不到流亡朝廷的支援，在赵昺登基后不久就被元军张弘范的部将王惟义在海丰县的五坡岭生擒。文天祥一部的覆灭也就标志着南宋陆地抗元势力的覆灭，南宋流亡朝廷只有水军还尚存一丝作战能力。

远眺崖山古战场

祥兴二年（1279年），元将张弘范大举进攻驻扎在崖山的赵昺朝廷。不久，攻占了广州的西夏后裔李恒也带领援军加入张弘范攻宋的战事。元军号称30万，战船数百艘。南宋军面对元军的攻势，积极备战。有人建议应占领海湾出口，以保护向西撤退的路线。但太傅

崖山祠

张世杰却不同意这一建议，他很清楚当下的形势，如占领海湾出口，在战况不利的情况下士兵就会大量逃亡。为防止这种情况的发生，张世杰下令尽焚陆地上的宫殿、房屋、据点；又下令将两千多艘宋军船只以“连环船”的办法用大绳索呈一字形连接起来，排列在海湾内，赵昺的“龙舟”被安放在军队中间。为了不重蹈赤壁之战火烧战船的覆辙，南宋军在战船上都涂上了泥，并在每条船上横放一根长木，以防备元军火攻。果然，元军在发动进攻时，首先想到火攻，他们在小船上装满茅草和膏脂，乘风纵火冲向宋船。但宋船已做好了防备火攻的准备，所以元军的火攻未能得逞。

火攻不成，元军就以水师封锁海湾，又以陆军断绝宋军汲水及砍柴的道路，打算困死宋军。在被围困期间，张世杰率军出击，与元军大战，但却无法获胜，还被张弘范擒走了自己的外甥。张弘范以张世杰的外甥做人质，逼张世杰投降，但招降三次都被拒绝。2 月 7 日，重新部署过后，张弘范向宋军发起猛攻。这次，张弘范将元军分成四部，在宋军的东、南、北三面皆驻一军；张弘范自领一军与宋军相去里余，并约定以奏乐为总攻信号。北军率先

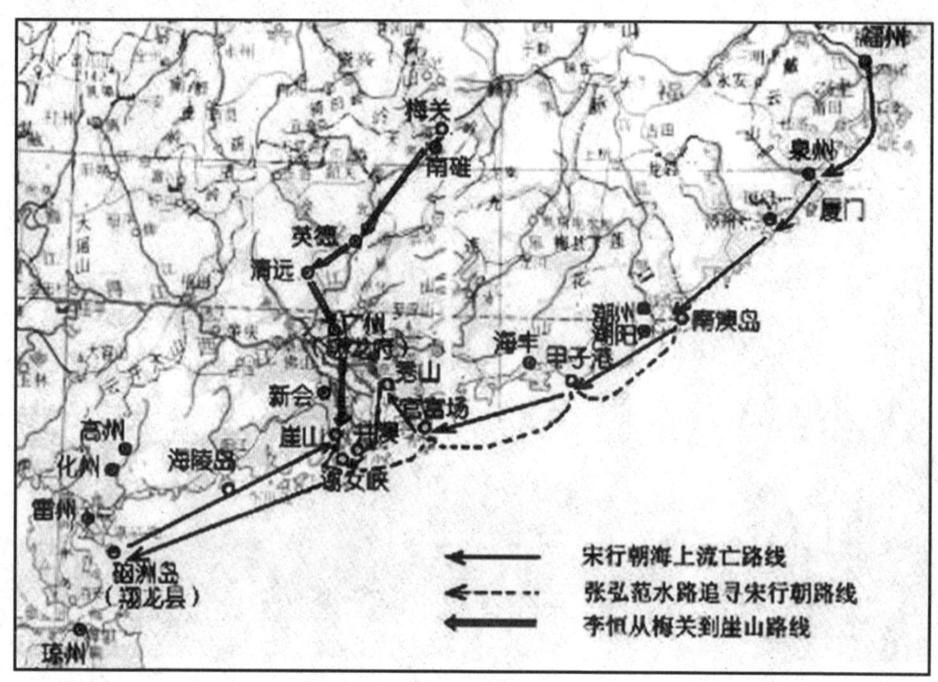

宋元崖门海战图

乘潮向宋军北边发起进攻，但进攻失败。之后，元军假装奏乐娱乐，宋军听后以为元军正在宴会，放松了警惕。正午时分，张弘范的水师从正面发动进攻。接着，埋下伏兵的船楼用布遮蔽，偷偷从两边接近宋军舰船。在靠近宋军舰船时，元军撤布突袭宋军，一时间连破七艘宋船。宋军大败，元军一路打到宋军中央。这时张世杰见大势已去，抽调精兵，和苏刘义带领余部十余只船舰斩断大索突围而去。这时，赵昺还在自己的龙船之上，左丞相陆秀夫见处在军队中间的龙船无法突围，便背着 8 岁的赵昺跳海自杀。随行十多万军民也相继跳海自杀。

丢下赵昺突围而出的张世杰原本打算再奉赵昺之母杨太后的名义另立新主，再图后举，哪知杨太后在听闻赵昺的死讯后也跳海自杀。张世杰图谋不成，后在大风雨下溺死在平章山下（约今广东省阳江市西南的海陵岛对开海面）。

崖山之战是南宋对元军所做的最后一次有组织的抵抗。南宋军队的失败，标志着宋朝的灭亡，同时也标志着作为非汉族政权第一次在地域上全面征服汉族中原政权。

第五章

西部地区古战场

本章介绍了陕甘地区的古战场——潼关古战场、定军山古战场,川渝云贵地区的古战场——钓鱼城古战场、金川古战场、白石江古战场。

第一节 长河落日——陕甘地区古战场

潼关古战场

潼关历史悠久，闻名遐迩。潼关县地处陕西省关中平原东端，居秦、晋、豫三省交界处。东接河南省灵宝县，西连本省华阴市，南依秦岭与本省洛南县为邻，北濒黄河、渭河同本省大荔县及山西省芮城县隔水相望。潼关县是陕西的东大门，是连接西北、华北、中原的咽喉要道，其地理位置具有战略意义。

古潼关居中华十大名关第二位，历史文化源远流长。马超刺槐、十二连城、仰韶文化遗址等名胜古迹星罗棋布；风陵晓渡、谯楼晚照、秦岭云屏等潼关八景，引人入胜。

潼关在东汉以前还没设关城，到东汉末，曹操为预防关西兵乱，才于建安元年（196 年）始设潼关，并同时废弃函谷关。潼关以水得名，《水经注》载："河在关内南流潼激关山，因谓之潼关。"潼浪汹汹，故取潼关关名，又称冲关。这里南有秦岭屏障，北有黄河天堑，东有黄土塬居高临下，中有禁沟、原望沟、满洛川等横断东西的天然防线，呈"关门扼九州，飞鸟不能逾"之势。

汉潼关城在今城北村南。到隋大业七年（611 年），移关城于南北连城间的坑兽槛谷，即禁沟口。唐朝天授二年（691 年），又迁隋潼关城于黄、渭河南岸。宋熙宁元年至十年（1068—1077 年），遣侍御史陈洎扩建。明洪武五

年（1372 年）千户刘通筑城，明洪武九年，指挥金事马增修城牌“依山势而曲折”筑城墙，后称明城。

清朝增修扩建，北临黄河，南跨凤凰、麒麟二山，东段东西大路临黄河南延上麒麟山；西段东西大道靠河南沿上象山。城门开六处，每处各有两洞，中有瓮城相连。东门称金陡，先名“迎恩”，后改“平藩两陕”；西称“怀远”，后改“控制三秦”。南门有两个，东边的称作上南门，先名“凌云”，后改“麟游”，再改“览山”；西边的称下南门，先名“迎薰”，后改“凤口”。

北门也有两个，靠西边的是大北门，先称“吸洪”，后改“霸英”。南北水关门有两个，南边北门筑闸楼七间，里设天桥；北边门筑闸九间。六大城门，除南门无楼外，东西城各有两个。潼水穿城而过，经潼津桥注入黄河。1927 年，冯玉祥修筑潼河大桥。

城内建有金陵寺、钟楼、望河楼、吕祖庙、阅书楼、象山祖师庙及牌坊、

潼关全貌

楼阁多不胜举，古称“金碧辉煌，映映川原。”20世纪50年代末，政府决定修建三门峡水库，潼关城建筑物拆除。

赤壁之战后，曹操暂时停止南下，转而向西拓展势力，211年3月，派钟繇出兵讨伐汉中的张鲁，这一军事行动引起了关中马超、韩遂等势力的疑心。于是马超、韩遂等邀约十数部人马抢占潼关，以守住关中的门户。这时，曹操先派曹仁率兵抵达潼关外围，以牵制关中联军。8月，曹操亲率大军抵潼关前线，指挥所部进击关中联军。马超等统领的关中兵善用长矛，实力较强，针对这种情况，曹操先命令本部人马坚守不出，使关中军无法发挥所长。然后，曹操一方面做出要与联军大战的姿态，另一方面依徐晃的计策，派四千步骑北上渡河，再到浦阪津过河，在河西设营，以诱使联军全部集结于潼关。闰八月，曹操指挥大军由潼关北渡黄河，将大军移至黄河北岸，只有曹操和许褚等虎士百余人留在南岸负责断后。这时，觉察到曹军动向的马超不期而至，率一万多人袭击曹操。当时乱箭齐发，矢下如雨，曹操因未察觉而在胡床上没动，许褚见势危，立刻扶曹操上船。在船夫被流矢射杀的危急情况下，许褚左手举着马鞍作盾，为曹操挡箭，右手则拼命撑船。曹军将士见马超军对曹操紧追不放，不知曹操安危，十分担心，于是渭南县令丁斐命人放走牛马，用以作饵引敌人，关西联军果然放弃追剿，赶紧追捕牛马，曹操最后才成功渡河。曹操渡河后与徐晃军会合后，沿河南行。发现曹军行踪的联军为阻击曹军，赶快到渭口防守。曹操一方面派多队疑兵吸引联军视线，另一方面派另一部队乘船渡过渭水，架起浮桥，于夜里渡过渭水，在渭南结营。马超等见曹军结营，就率兵攻打，结果被曹军的伏兵击败，只好退回潼关，双方进入对峙状态。潼关内的马超等因屯兵日久，难以为继，只好派出使者以割让河西为约向曹操求和，但曹操不答应。9月，曹操率主力渡过渭水，进驻渭南的营地，马超等曾数次前往挑战，曹操均不应战，采取只守不攻的战略。联军挑战不成，就冲击曹军营寨，关中军擅长野战，因此曹军营寨多次被冲破。正当曹操苦于无法固守营寨之时，有人提醒曹操，此时天寒（九月份，其实差不多是农历十月份了），可以掘沙泼水筑城，曹操听从了建议，果然一夜间筑成了冰城。第二天联军到了以后，非常吃惊，以为有神灵在帮助曹操。关中联军此时攻营无果，又被曹操切断了退回关中的退路，无计可施之下，只好割地、送子质请和。这次，曹操听从谋士贾诩的离间之计，假意与联军

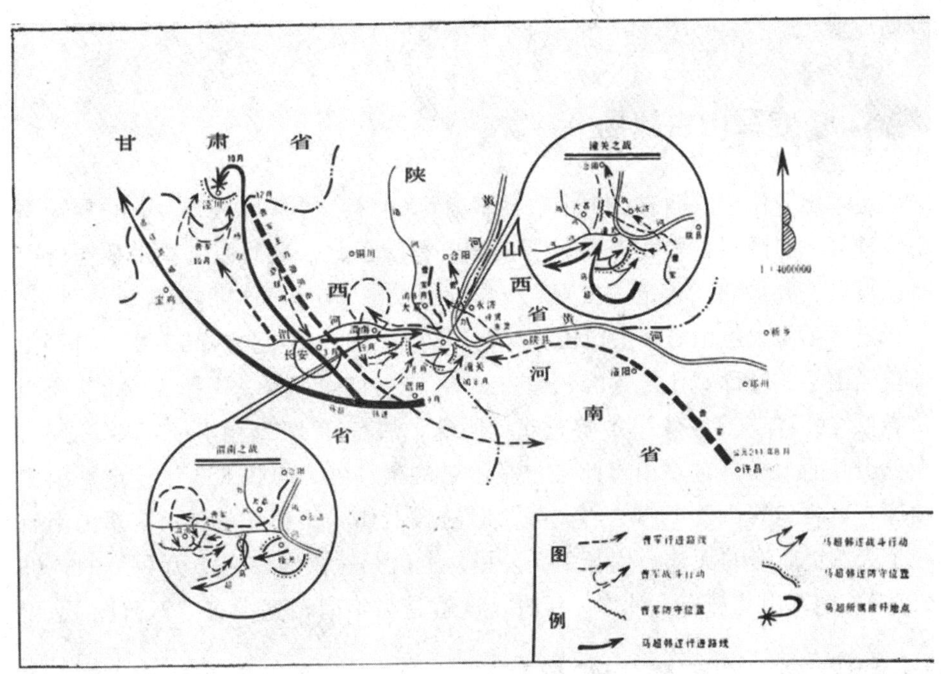

曹操与马超、韩遂潼关与渭南之战

谈和。

联军方面派出韩遂作代表与曹操相见。曹操与韩遂父亲在同一年被推荐为孝廉，又与韩遂是同辈，曾有交情。于是在两人会面时，曹操与他并不谈论军情，只谈说当年京都旧事，拍手欢笑，以引起联军误会。会面结束，马超等问韩遂曹操都说了什么，韩遂说没说什么。韩遂的态度引起了马超的怀疑，担心他与曹操私下联系。过了几天，曹操给韩遂书信，信中却在多个言词上涂涂抹抹，改来改去，就像是韩遂改动一样，马超等疑心越来越大，曹操便趁此时与联军约定决战。

决战时，曹操先以轻兵前往挑起联军的争端，使联军内部混战。在联军混战许久之后，曹操才出动王牌虎豹骑夹击联军。此时联军已无力抵挡，曹军斩杀了成宜、李堪等人，韩遂、马超败走凉州。潼关之战以曹操的大获全胜而告终。

潼关之战是曹超彻底统一中国北方的最后一次大规模战争。通过此次战争，关中军事集团与关东士大夫集团的军事争斗宣告结束，真正的三国之势

开始形成。

定军山古战场

定军山，位于陕西省汉中市勉县城南5000米，原属武侯墓乡，今属定军山镇辖区。三国时，蜀将黄忠斩夏侯渊、赵颙于此，从而使定军山在历史上得以显名，并得到“得定军山则得汉中，得汉中则定天下”的美誉。

定军山属大巴山脉。大巴山脉自高庙子入平地，隆起秀峰12座，自石山子至元山子，号称“十二连峰”，再往东，是当口寺孤峰，“十二连峰”与当口寺孤峰相连，就好像一条游龙戏玩明珠，故有“十二连山一颗珠”之誉。大巴山脉的主峰是定军山，此处也是山脉的最高处，海拔833米。定军山山顶原有“古定军山”石碑，“文革”时被毁，如今又新立一碑。定军山南有一个天然锅底形的大洼，周长1.5公里，这就是三国时“可屯万兵”的“仰天洼”。定军山北麓有一片广漠沃野，这就是当年诸葛亮大布“八阵图”、设

武侯墓

“督军坛”的武侯坪。据说，现在在黄忠大战夏侯渊的战场还时常能发现“扎马钉”和箭镞。定军山旁曾有“斩将桥”和“八角琉璃井”，可惜现在都见不到了。定军山山半腰有一块大石，高约3.3米，宽约2米，中开一缝，宽窄不一，名曰“挡箭牌”，传说这是诸葛亮遮挡敌箭的遗物。

定军山之战是定军山古战场上发生的较为有名的战役之一。汉中的地理位置与蜀地唇齿相依，刘备夺取成都后，占领蜀地，而此时汉中却被曹操所占。为了不使成都时刻受到曹军的威胁，刘备多次与曹军争夺汉中，但曹军守备顽强，刘备夺取汉中一直没有突破性的进展。建安二十四年（219年），刘备听从法正的谋划，率军强渡沔水，直插定军山，占据了定军山有利的地形。曹军夏侯渊部来争，定军山之战就此打响。

夏侯渊指挥部队在定军山筑围，与刘备对峙。此时夏侯渊派张郃守备鹿角东部，自率精锐守备鹿角南部。针对夏侯渊的部署，刘备决定先乘夜攻打东围的张郃。张郃果然不堪一击，很快就显出败相。夏侯渊得到张郃首战不利的报告，只好分出一部分兵力援助张郃。之后，刘备又在走马谷采用烧围角之策，迫使夏侯渊不得不派兵前去救火。这时，刘备采用了法正的计策，命令黄忠多次率军击鼓呐喊却不进攻，夏侯渊起初还加强戒备，怕刘备军来攻，但反复数次就放松了戒备。这时，刘备指挥兵马突然进攻南围，将士勇猛冲杀，其势不可抵挡，夏侯渊的军队无法抵敌，很快战败，夏侯渊也被黄忠刀劈于定军山下。

刘备画像

夏侯渊死后，张郃急忙退守阳平关。刘备又率兵攻打阳平关，张郃怕无法抵敌，于是接受郭淮建议，远水为阵。这一策略果然奏效，刘备见魏军退后远水布阵，迟疑而不敢渡江。3月，魏王曹操以汉中危急，自长安出斜谷道，亲临汉

中指挥作战。刘备集中兵力，扼险据守，不与交锋，拖延时间，消耗魏军。魏军与刘备军对峙月余，士卒逃亡甚多，军粮接应不上，士气低落。5月，曹操以“鸡肋”为口令放弃汉中，撤军北还。

曹操的撤军使刘备成为汉中之王，回成都后即称帝，建立蜀汉政权。由此可见，定军山一战，奠定了蜀汉的基业，开辟了三国鼎立的局面。因此，定军山一战在中国历史上具有重要的意义。

第二节 关山飞渡——西南地区古战场

钓鱼城古战场

钓鱼城，坐落在重庆市合川城东5公里的钓鱼山上。钓鱼山突兀耸立，相对高度约300米。钓鱼山的名字因一神话传说而来——此地曾经发生饥荒，百姓为饥馑所苦，一巨神怜悯百姓，坐在山上垂钓，钓得嘉陵江的鱼，给百姓食用。现在钓鱼山上还有一块平整的巨石，相传，这就是当年巨神坐而垂钓的巨石。

钓鱼城因宋蒙战争而生。南宋时，宋蒙联合灭金，之后南宋想要出兵收复河南失地，却被蒙军伏击，导致收复计划失败，之后宋蒙战争全面爆发。因为当时蒙军的侵略战线极长，西自川陕、东至淮河下游的数千里战线上都部署了进攻的军队，所以南宋各地都积极备战，修筑防御工事，四川也在彭大雅的指挥下，由甘闰初筑钓鱼城。当时的四川是宋蒙三大战场之一，而且又是其中遭受蒙军破坏最严重的一个。直到1241年，蒙古窝阔台汗去世，其

钓鱼城

内部政争不断，对南宋的攻势减弱，南宋有机会对各个战场的防御进行调整、充实。南宋淳祐二年（1242 年），宋理宗派遣在两淮抗蒙战争中战绩颇著的余玠入蜀，出任四川安抚制置使兼知重庆府，以扭转四川的颓势，巩固上流。1243 年，余玠采纳播州（今遵义）贤士冉琎、冉璞兄弟建议，遣冉氏兄弟复筑钓鱼城，移合州治及兴元都统司于其上。1251 年，蒙哥登上大汗宝座，稳定了蒙古政局，并积极策划攻宋战争。1252 年，蒙哥汗命其弟忽必烈率师平定大理，对南宋形成包围夹击之势。1254 年，合州守将王坚进一步完善城筑，四川边地之民多避兵乱至此，钓鱼城成为兵精食足的坚固堡垒。1257 年，蒙哥汗决定发动大规模的侵宋战争。为了发挥蒙古骑兵长于野战的长处，避其不善水战的特点，蒙哥汗把四川定为战略主攻方向，准备以主力夺取四川，然后顺江东下，与诸路会师，直捣宋都临安（今杭州）。这时的蒙哥汗气势正盛，他西征欧亚非，威风凛凛，此时分兵三路侵宋，理应一路顺遂。没想到，当蒙军相继占据剑门苦竹隘、长宁山城、蓬州运山城、阆州大获城、广安大良城等地，兵临合川钓鱼城城下时，却遭遇了前所未有的抵抗。此时钓鱼城

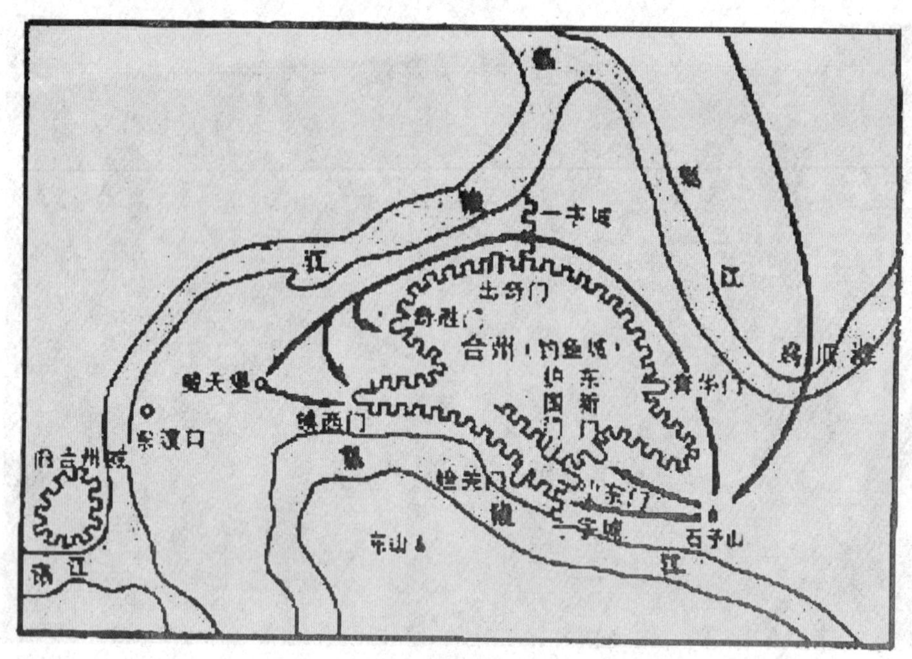

蒙古军南侵路线

主将是王坚，副将是张珏，二人密切配合，顽强抗击蒙军，使蒙军不管如何进攻，却始终不能越雷池半步。而且在守城将士猛烈的炮火攻击下，蒙哥汗受重伤，没多久，于温泉寺逝世。

钓鱼城保卫战准确而言打了 36 年之久，这时长本身就很罕见，而曾将铁蹄踏遍欧亚非的蒙哥汗竟战死在钓鱼城，更使钓鱼城名声大振，欧洲人将它誉为“东方麦加城”“上帝折鞭处”。余秋雨认为，在 13 世纪宋元之际发生的这场持久战，改变了中国和世界的历史。正是这场持久战，使蒙古军失去最高统帅，进而导致蒙古内部为继承人而争权内乱，致使他们停下了向外侵略的脚步。而钓鱼城作为山城防御体系的典型代表，在冷兵器时代，充分显示了其防御作用。为此，中国人民革命军事博物馆古代战争馆特意制作了钓鱼城古战场的沙盘模型，以展示其在中国古代战争史上的重要地位。

金川古战场

金川古战场因乾隆平定大小金川而闻名。大金川即现在的金川县，位于川西北高原，阿坝藏族羌族自治州西南部，地处青藏高原东部边缘，大渡河上游。地势由西北向东南倾斜，西北部为海拔4000米左右的山塬地带，东南部为峡谷区。金川县因境内大金川得名，大金川因沿岢诸山有金矿得名。金川的藏名“促浸”或“齐浸”均系音译，意为大河之滨。亦称“然旦”，以其古代部落首领房名得名。金川旅游资源得天独厚，有两次金川之役的历史遗迹；有大自然群雕之誉的索乌山；有天下第一自生石佛——东巴石菩萨的嘉绒圣地嘎达山；有曾为全国四大皇庙之一，乾隆亲书“正教恒宣”御匾的广法寺；有名扬海内外，终年香火不断的藏传佛教朝拜圣地观音庙；有宁静幽远的高原湖泊——阿科里长海子；有极具魅力的民族风情和独具特色的民居建筑，被评为“中国民间艺术之乡”。金川山水相依，风光迷人，文化底蕴

金川梨花

深厚，是镶嵌在川西的一颗亮丽的明珠。

小金川是现在的小金县，旧名懋功。小金，藏名“赞拉”，藏语里“赞拉”是本教中一种凶猛的神名。因小金沿河产砂金，又得小金川之名。小金县位于四川省阿坝藏族羌族自治州南部，北邻马尔康县，东接理县、汶川县，南界宝兴县与康定县二县，西与丹巴县、金川县相连。小金为藏、羌、回、汉民族杂居区，嘉绒藏族为主体民族。境内碉楼寨房、佛塔经幡交相辉映，藏族锅庄粗犷豪迈，民谣狮舞荡气回肠。不同的民俗风情为古老的历史文化增添了厚重的文化色彩。

小金县自新石器时代就有人类活动。东汉列为大奘、龙桥、薄中等辖地。南北朝归党项。隋属附国嘉良地。唐纳入剑南道雅州之东西嘉良州。北宋、南宋时均属成都府路西山野川诸部。元系宣政院辖之吐善等路宣慰司属地。明属朵甘都司董卜韩胡宣慰司管辖。明初改其地为“金川寺”。

位于四川北部的大小金川是藏族定居地区，俗信喇嘛教，都居住在石碉中。雍正元年（1723 年）大小金川由清政府管辖，朝廷在大金川设金川安抚司，以嘉勒巴内庶孙莎罗奔为土司官，而以旧土司官泽旺居小金川。大小金川虽在朝廷管辖之内，但一直心怀异端。乾隆十二年（1747 年）莎罗奔公开叛乱，以士兵攻革布什扎以及明正两土司。四川巡抚纪山派兵镇压，反被莎罗奔所败。朝廷只好增兵进剿，调云贵总督张广泗为四川总督，大学士纳亲督师。但张广泗、纳亲的出兵并没有见到成效，多次出击失利，引起乾隆的不满，杀张广泗，将纳亲赐死。之后，乾隆

乾隆皇帝像

改用岳钟琪，分两路进攻大金川。这次进攻终见成效，莎罗奔溃败后向朝廷乞降。

乾隆中期，大金川土司再次叛乱，并勾结小金川，不断侵掠邻近土司，使各小土司都不敢相抗。乾隆三十一年清政府派四川总督阿尔泰联合九土司兵攻大小金川，但被大小金川的士兵打败。乾隆三十六年（1771 年），因四川总督阿尔泰不谙军旅，特调云贵总督德福为四川总督，主持军务。又以理藩院尚书温福为定边副将军，统领由云南征缅前线撤回的满洲劲旅及黔兵驰赴川西，副将军阿桂随行。这次，乾隆皇帝指示：须先取小金川，后取大金川。乾隆三十七年（1772 年），官军两路进军川西，平叛战争终于有所进展，并占领了小金川。但随后，因为桂林昏庸，指挥失误，丧师三千，被乾隆帝革职，从西路调取阿桂，授为参赞大臣统率南路军。

知识链接

阿 桂

阿桂（1717—1797 年），字广远，满洲正白旗人，姓章佳氏，他的父亲阿克敦是以文入仕的满洲大臣，康熙年中进士，协办大学士。他为人正直。这种品质传给了阿桂。他出身举人，以父荫授大理寺丞，累迁吏部员外郎，充军机章京。阿桂清廉正直，智勇兼备，长于治军与治河，功勋卓著，知人善任，又为人平和，深得将士爱戴。猛将海兰察才高自负，不甘屈居人下，却只服阿桂，可见阿桂威望之高。

阿桂接掌南路军后进展顺利，被封为右副将军，温福为定边将军。接下来，温福攻破底木达寨，俘获泽旺。乘胜，温福分兵三路进攻大金川，但却受到了阻滞，进展不顺。于是，温福移营木果木，又以筑碉为计，将 2 万士兵分散各卡。他的手下觉得这样不利于进攻，劝他改变策略，但他却

清代平定大小金川战图

不听，使得军心瓦解。金川士兵趁这个机会半夜偷袭木果木大营，温福惊慌失措，中枪毙命，4000名兵士丧命，粮食给养被劫掠损毁无数，小金川得而复失。攻入大金川的阿桂一路未受损失，但也因受温福战败的影响被迫撤退。

乾隆皇帝听闻木果木之败大为震惊，与大学士刘统勋商议对策。刘统勋原本是反对对金川用兵的，现在反而主张不可罢兵。于是，乾隆帝决定召集六万绿营兵，又从各地调来近万名满洲兵，命阿桂为定西将军，明亮、丰升额为副将军，再征金川。

这次进军，绿营军换了新的统领，军心稳定，也体现了较强的战斗力。出征之后，阿桂分兵三路进攻，只十几天时间就平定小金川。乾隆帝大喜，立即命令阿桂率三军进讨大金川。经过上次征讨失败，乾隆知道对大金川土司决不能手软了，既然以番治番无效，就把它彻底解决。乾隆四十年（1775年）七月，阿桂、明亮两路大军包围勒乌围巢穴。勒乌围山崖陡峭，崖上有八层碉堡，很是坚固。阿桂指挥官兵经过殊死奋战，终于打进匪巢，索诺木急忙逃往另一据点刮耳崖。官军继续进兵，一路所向披靡，横扫大小碉堡千

余处，吓得金川士兵望风而逃。到年底，官军将刮耳崖团团围住，大炮日夜猛轰。索诺木在寨内抵挡近半年，纵欲无法招架，于乾隆四十一年（1776年）二月初四向官兵投降。

至此，清军终于平定了大小金川的叛乱。为了加强对这一地区的管辖，乾隆废除了该地的土司制，改置州县，这种改土归流的措施，将土司权力，收归中央，消除了分裂的隐患。

白石江古战场

白石江古战场位于云南省曲靖市，现在我们在麒麟城北火车站附近能看到一条并不起眼的小江，这就是白石江。但古代的白石江并不是这样，江面宽阔，水势浩荡，是一条名副其实的大江，是曲靖北部的一道天然屏

白石江之战雕塑

障。白石江是南盘江的支流，全长 31 里，由东向西穿回曲靖坝子南北两翼。江流距曲靖城一公里，中上游地势险恶，发源于寥廓山北麓，在北麓不远的地方就有红军坡，在那里现在建有三元宫，用于纪念毛泽东、周恩来等三位开国元老，是重要的红色革命教育基地之一。这里是古代北行古弹道和普安路（东行古驿道）的交会口，历史上是曲靖的咽喉要塞和打通云南的必经之地。

曲靖是云南第二大城市，有 2500 多年的历史，是爨文化的故乡，爨龙颜碑，爨宝子碑被称为中国的南碑瑰宝。而白石江水更是长流不息，记载着两岸的兴衰变迁。三国时期它是重要的古战场，鼓角峥嵘中传唱出诸葛亮七擒孟获的历史弘歌。

白石江战役是明朝时期在云南境内的第一大战役。战役遗址沿白石江皆是，明朝时曾有战功碑立于此地，后不知下落。1982—1984 年在三宝镇雷家庄村发现的“明昭信授尉百户雷云碑”、盘江乡大树屯发现的“鼻祖碑”上，分别记录了白石江战役所发生的时间、地点，同史籍记载相吻合。

朱元璋建立明朝之初，云南还属于逃到大漠的元顺帝的残余势力，由梁

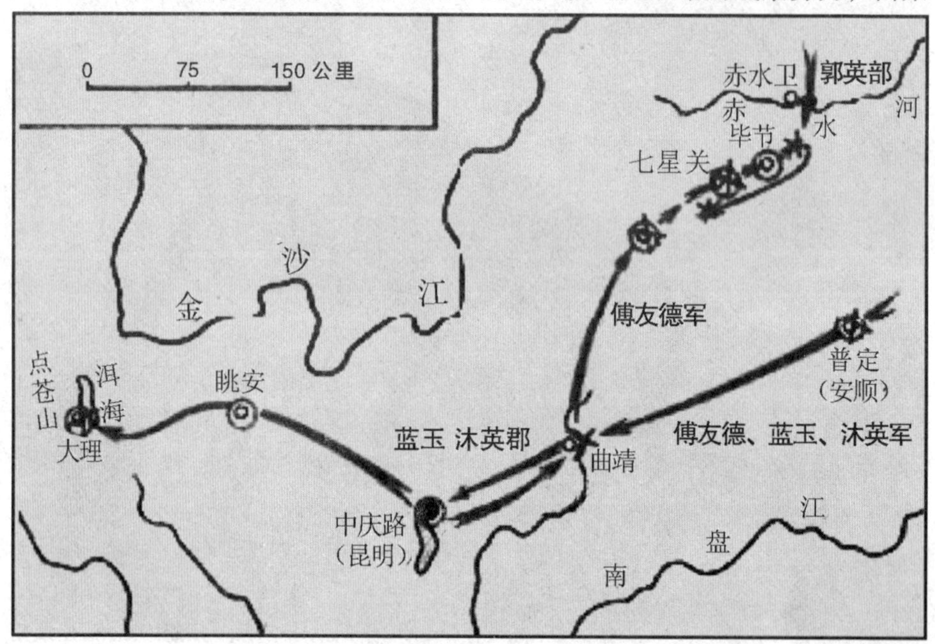

明攻取云南之战示意图

王控制。当时，因明朝实力不足以出兵征讨，因此用招抚的方式企图收服云南，但没有成功。之后，经过十多年的苦心经营，朱元璋终于在洪武十四年(1381 年) 完成了出征云南的准备，并于 9 月命颍川侯傅友德为征南将军，永昌侯蓝玉、西平侯沐英为副将军，率领三十万大军出征云南。大军一路所向披靡，年底就逼近云南曲靖。梁王得到战报，立刻派遣司徒平章达里麻领精兵十万屯于云南曲靖北郊的战略要地——白石江以拒敌。

也许是天助明军，决战当日，天气寒冷，宽阔的白石江上突然起了大雾，浓雾漫过江面，又笼罩了树林田野，白石江两岸顿时变成了一个雾的世界，几米之外什么也看不清楚。明军见雾大喜，趁着大雾的封锁，悄悄进入了白石江的北岸。当进攻的鼓声响起时，达里麻还毫无准备，只好于仓促中出兵迎战。久经沙场的沐英这时候一面令明军鸣金击鼓，做渡江之势，一面派部分善游的勇士携旗帜征鼓，从上游先渡江，沿寥廓山一带绕到元军阵后，吹角擂鼓，于深林中树旗为疑兵，误导敌军。达里麻果然中了计，急忙下令后军变前军，前往御敌。傅友德、蓝玉、沐英则乘势挥师渡江，抢登南岸。顿时，矢石炮铳齐发，呼声震天动地。沐英身先士卒，冲入敌阵。在明军的强大攻势下，云南兵士于混乱中难以招架，最后达里麻被生擒，俘获甲士两万，马万匹，横尸数千，元军全部覆没，云南曲靖也被明军占领。得到曲靖被攻占的消息，梁王知道情势已无法挽回，于是自杀，右丞相观音保等献昆明城投降。明军取得了白石江战役的全面胜利。

白石江之战，是平定云南的决定性战役。这一战役消灭了盘踞在云南的元梁王的残余势力。打开了通向云南的通道，最终使云南全境归服于明朝。

图片授权

全景网

壹图网

中华图片库

林静文化摄影部

敬　启

本书图片的编选，参阅了一些网站和公共图库。由于联系上的困难，我们与部分入选图片的作者未能取得联系，谨致深深的歉意。敬请图片原作者见到本书后，及时与我们联系，以便我们按国家有关规定支付稿酬并赠送样书。

联系邮箱：932389463@ qq. com

参考书目

1. 军事科学院战争理论和战略研究部．中国古代经典战争战例——南宋·元·明·清［M］．北京：中国人民解放军出版社，2012.

2. 军事科学院战争理论与战略研究部．中国古代经典战争战例——两晋·南北朝·隋·唐·辽·北宋［M］．北京：中国人民解放军出版社，2012.

3. 军事科学院战争理论和战略研究部．中国古代经典战争战例——商周·春秋战国·秦·西汉·东汉·三国［M］．北京：中国人民解放军出版社，2012.

4. 丛书编委会．孙子兵法与古代战争［M］．北京：外文出版社，2012.

5. 张锐强．战车时代的战争［M］．北京：希望出版社社，2012.

6. 张锐强．中国古代战争传奇［M］．北京：希望出版社社，2012.

7. 崔振明．古代在上现代在下——中华5000年战争故事［M］．吉林：吉林大学出版社，2011.

8. 张锐强．战车呼啸——中国古代的战争传奇［M］．北京：希望出版社，2010.

9. 张锐强．中国传奇——骑兵纵横［M］．北京：希望出版社，2010.

10. 张云风．赤壁之战［M］．哈尔滨：哈尔滨出版社，2008.

11. 袁庭栋．解秘中国古代战争［M］．山东：山东画报出版社，2008.

12. 西德博特姆．晏绍祥．古代战争与西方战争文化［M］．北京：外语教学与研究出版社，2007.

13. 陆敬严．图说中国古代战争战具［M］．上海：同济大学出版社，2001.

中国传统风俗文化丛书

一、古代人物系列（9 本）
1. 中国古代乞丐
2. 中国古代道士
3. 中国古代名帝
4. 中国古代名将
5. 中国古代名相
6. 中国古代文人
7. 中国古代高僧
8. 中国古代太监
9. 中国古代侠士

二、古代民俗系列（8 本）
1. 中国古代民俗
2. 中国古代玩具
3. 中国古代服饰
4. 中国古代丧葬
5. 中国古代节日
6. 中国古代面具
7. 中国古代祭祀
8. 中国古代剪纸

三、古代收藏系列（16 本）
1. 中国古代金银器
2. 中国古代漆器
3. 中国古代藏书
4. 中国古代石雕
5. 中国古代雕刻
6. 中国古代书法
7. 中国古代木雕
8. 中国古代玉器
9. 中国古代青铜器
10. 中国古代瓷器
11. 中国古代钱币
12. 中国古代酒具
13. 中国古代家具
14. 中国古代陶器
15. 中国古代年画
16. 中国古代砖雕

四、古代建筑系列（12 本）
1. 中国古代建筑
2. 中国古代城墙
3. 中国古代陵墓
4. 中国古代砖瓦
5. 中国古代桥梁
6. 中国古塔
7. 中国古镇
8. 中国古代楼阁
9. 中国古都
10. 中国古代长城
11. 中国古代宫殿
12. 中国古代寺庙

五、古代科学技术系列（14 本）

1. 中国古代科技
2. 中国古代农业
3. 中国古代水利
4. 中国古代医学
5. 中国古代版画
6. 中国古代养殖
7. 中国古代船舶
8. 中国古代兵器
9. 中国古代纺织与印染
10. 中国古代农具
11. 中国古代园艺
12. 中国古代天文历法
13. 中国古代印刷
14. 中国古代地理

六、古代政治经济制度系列（13 本）

1. 中国古代经济
2. 中国古代科举
3. 中国古代邮驿
4. 中国古代赋税
5. 中国古代关隘
6. 中国古代交通
7. 中国古代商号
8. 中国古代官制
9. 中国古代航海
10. 中国古代贸易
11. 中国古代军队
12. 中国古代法律
13. 中国古代战争

七、古代文化系列（17 本）

1. 中国古代婚姻
2. 中国古代武术
3. 中国古代城市
4. 中国古代教育
5. 中国古代家训
6. 中国古代书院
7. 中国古代典籍
8. 中国古代石窟
9. 中国古代战场
10. 中国古代礼仪
11. 中国古村落
12. 中国古代体育
13. 中国古代姓氏
14. 中国古代文房四宝
15. 中国古代饮食
16. 中国古代娱乐
17. 中国古代兵书

八、古代艺术系列（11 本）

1. 中国古代艺术
2. 中国古代戏曲
3. 中国古代绘画
4. 中国古代音乐
5. 中国古代文学
6. 中国古代乐器
7. 中国古代刺绣
8. 中国古代碑刻
9. 中国古代舞蹈
10. 中国古代篆刻
11. 中国古代杂技